JN028080

図書館文化論

加藤好郎 著

丸善出版

まえがき

　約40年間、慶應義塾図書館の現場の業務を行い、いくつかの大学で「図書館情報学」を教えてきました。時代の変化とともに、若者達の社会に対する将来性、責任感、価値観も変わってきています。大学あるいは大学教育では、彼らを社会に送り出す前にしなければならないことがあります。それは「常識」「教養」「知識」を持たせることです。学部、学科の授業は、「教える側」も「教わる側」それぞれの主題を中心に展開していきます。

　しかしそれだけでは足りません。実は、常識と教養と知識を知恵にして身に付けるためには、主題の授業と同時にそれぞれの主題と関係する社会現象と社会制度の関連を教えることが重要です。それが大学教員の義務であると考えています。例えば「図書館情報学」を通じて、地域社会における図書館の公共性、必要性、役割、意味、利用効果等を自分で考え、行動できる能力が必要です。図書館学の分類・目録だけを教え、学ばせ、覚えさせる授業は片手落ちの大学教育になります。

　最近、学生達にレポートの提出を求めると、まず彼らが考えることは、教員への「忖度」です。つまり、先生が期待している回答を考えてしまうことなのです。理由は自分の表現、考え、つまり興味を持つことよりも合格点が欲しいのです。自分で情報を集め知識にし、さらに知恵にして、自分の考えをまとめようとする努力が少なくなりました。図書の主題の深さと広さを分類し目録化するには出版情報誌だけではなく自分でも考えてみることが必要です。

　勿論、学生によりますが、私の経験では3割近くの学生がその傾向にあります。ただ学生達だけを悪くは言えません。教員の方がそれを求めるような授業をしているのかもしれません。私が塾生の時代では、池田彌三郎先生や津田良成先生等の授業中の「面白い世間

話」をいまだに覚えています。福澤諭吉は講義（講演）の際に気を付けることとして「難しい話は、なるべく優しく話す、優しい話は、なるべく面白く話す。そして、少しだけ奥深く話す」と述べています。

　今回『図書館文化論』をまとめたいと思いついたのは、図書館の役割が既成概念で固定化しているなかで、「こんなことも図書館の仕事ですか？」「子育ても図書館で？」「図書館利用が、認知症の止めることに役立つのですか？」「図書館に登録することで中小の会社であっても、補助金情報もとれるのですか？」「刑務所は矯正に役立っていますか、刑務所に図書室がなぜないのですか？」などの疑問について、その実例の解説を授業で行っていたことからです。

　本書を通して、「図書館の奥深さ」をより多くの方が知って下さればこの上ない喜びです。

2021 年 6 月

加藤好郎

目　　次

第1章　図書館の選書と読書の役割

読書と図書館・・・1

読書の意味・・5

新聞の意味・・8

第2章　図書館の歴史

日米の図書館の役割・・・・・・・・・・・・・・・・・・・・・・・・・・・・・・・・・・11

日本の図書館の歴史・・・・・・・・・・・・・・・・・・・・・・・・・・・・・・・・・・13

戦中・戦後の慶應義塾図書館・・・・・・・・・・・・・・・・・・・・・・・・・23

東洋に唯一の『グーテンベルク42行聖書』・・・・・・・・・・・・・27

第3章　図書館の課題解決支援

図書館の課題解決支援サービス・・・・・・・・・・・・・・・・・・・・・・・31

いじめ対策と図書館の役割・・・・・・・・・・・・・・・・・・・・・・・・・・・33

『絶歌』問題と図書館の立場・・・・・・・・・・・・・・・・・・・・・・・・・・38

障害のある方への図書館利用・・・・・・・・・・・・・・・・・・・・・・・・・42

専門図書館としての刑務所図書館・・・・・・・・・・・・・・・・・・・・・50

認知症と図書館の役割・・・・・・・・・・・・・・・・・・・・・・・・・・・・・・54

公共図書館のビジネス支援・・・・・・・・・・・・・・・・・・・・・・・・・・・61

第4章　公共図書館の現状

電子図書館が発展しにくい理由・・・・・・・・・・・・・・・・・・・・・・・67

高度情報化社会の図書館の使命・・・・・・・・・・・・・・・・・・・・・・・68

図書館の指定管理者制度・・・・・・・・・・・・・・・・・・・・・・・・・・・・・70

適正な図書館員数・・・・・・・・・・・・・・・・・・・・・・・・・・・・・・・・・・・77

現在の公共図書館の諸問題・・・・・・・・・・・・・・・・・・・・・・・・・・・79

アメリカの公共図書館の現状・・・・・・・・・・・・・・・・・・・・・・・・・81

第5章　日本の図書館の「あけぼの」

利用者が創る公共図書館・・・・・・・・・・・・・・・・・・・・・・・・・・89

豊橋に世界一の図書館を・・・・・・・・・・・・・・・・・・・・・・・・・92

居心地の良い図書館・・・・・・・・・・・・・・・・・・・・・・・・・・・・95

学校司書の必要性と現状・・・・・・・・・・・・・・・・・・・・・・・97

日本の大学と大学図書館改革・・・・・・・・・・・・・・・・・・・99

米国の大学と大学図書館改革・・・・・・・・・・・・・・・・・・101

第6章　図書館のよもやま話

「図書館の自由」の事例集・・・・・・・・・・・・・・・・・・・・・・107

国立国会図書館の初の配信実験・・・・・・・・・・・・・・・111

美しく資料を扱うには・・・・・・・・・・・・・・・・・・・・・・・・・112

図書の老化と除籍・・・・・・・・・・・・・・・・・・・・・・・・・・・・113

ユニークで特徴ある図書館・・・・・・・・・・・・・・・・・・・・・115

国境なき図書館・・・・・・・・・・・・・・・・・・・・・・・・・・・・・・116

図書館の読書犬・・・・・・・・・・・・・・・・・・・・・・・・・・・・・・118

公文書館と図書館・・・・・・・・・・・・・・・・・・・・・・・・・・・・120

地方議会図書室の存在・・・・・・・・・・・・・・・・・・・・・・・・121

海外図書館留学こぼれ話・・・・・・・・・・・・・・・・・・・・・・123

日本の大学教育に一言・・・・・・・・・・・・・・・・・・・・・・・・125

第7章　図書館の運営管理

公共図書館の50原則・・・・・・・・・・・・・・・・・・・・・・・・・129

図書館のリスクマネジメント・・・・・・・・・・・・・・・・・・・131

図書館のリーダーとリーダーシップ・・・・・・・・・・・・136

図書館経営の基本原則・・・・・・・・・・・・・・・・・・・・・・・・144

英米の公共図書館経営・・・・・・・・・・・・・・・・・・・・・・・・149

学校図書館経営・・・・・・・・・・・・・・・・・・・・・・・・・・・・・・153

大学図書館経営・・・・・・・・・・・・・・・・・・・・・・・・・・・・・・155

図書館の管理運営・・・・・・・・・・・・・・・・・・・・・・・・・・・・159

図書館組織論・・・・・・・・・・・・・・・・・・・・・・・・・・・・・・・・160

図書館評価の基礎・・・・・・・・・・・・・・・・・・・・・・・・・・・・163

図書館経営の評価方法・・・・・・・・・・・・・・・・・・・・・・・・168

図書館計画とマーケティング・・・・・・・・・・・・・・・・・・・・・・・・・172

現代の図書館情報学概論・・・・・・・・・・・・・・・・・・・・・・・・・・・・175

プロフェッショナルとしての図書館員・・・・・・・・・・・・・・・179

第8章　図書館と出版

印刷資料と非印刷資料・・・・・・・・・・・・・・・・・・・・・・・・・・・・・・183

メディアと図書館の自由・・・・・・・・・・・・・・・・・・・・・・・・・・・・185

書店と出版社と図書館・・・・・・・・・・・・・・・・・・・・・・・・・・・・・・187

中央公論 150 年の歴史・・・・・・・・・・・・・・・・・・・・・・・・・・・・・194

学術系出版「創文社」解散・・・・・・・・・・・・・・・・・・・・・・・・・196

アマゾンの本の直接取引・・・・・・・・・・・・・・・・・・・・・・・・・・・197

書店のこれからの戦略と図書館の立場・・・・・・・・・・・・・・199

単行本と文庫本・・・・・・・・・・・・・・・・・・・・・・・・・・・・・・・・・・・201

大学出版部と大学図書館・・・・・・・・・・・・・・・・・・・・・・・・・・・204

索　引・・・207

第1章

図書館の選書と読書の役割

📖 読者と図書館

　読者が求めている図書と図書館が準備している本の選書方法とはなんでしょうか。図書館は読書する利用者に、どのように貢献できるのでしょうか。図書館は単に大量の図書を提供するものではなく、読むことの喜びを経験したり、味わったりするのを助けるところです。選書について、図書館が読書に対する施策をいかに考え計画するかは、重要な政策です。多くの利用者は、最近、学習の手段としてだけでなく、生活における創造的で、想像力にあふれた読書の役割を、認識するようになっています。読書する人にはもっと面白い図書を探すのを手伝うのは図書館員の役割です。もし図書館に魅力を感じない利用者がいれば、その理由を聞き、意欲を起こさせるために、図書館員が丁寧に読書の面白さを説明することになります。

　現在のコロナ禍の図書館について、読売新聞が読書週間にあわせ（2020年10月27日から11月9日）全国世論調査を実施しました。コロナ禍における図書館の取り組みは、「入館人数の制限」50%、「事前予約した本の窓口での貸し出し」40%、「貸出冊数の増冊や貸出期間の延長」30%、「電子書籍の貸し出し」15%、「自宅への本の宅配」11%、「子供向け読み聞かせの動画の配信」11%です。新型コロナが拡大しても、利用者の親としては「開館すべきだ」は47%、「そうは思わない」は50%です。大都市と中都市と多少違いがありますが、開館派と閉館派は拮抗しています。図書館側の安全性確保とサービスの確約が求められますが、コロナ禍だからこそ、工夫（時間制限、密にならないスペースの確保、リモートサービス等）しながら開館するのが当然であり、情報、文化の提供、コミュニケーションの居場所としての館が心の支えになります。公共図書館は税金で運営し

ていることを忘れてはならないのです。

　図書館の無料貸出についての調査によると、新刊を買う人が減り、著者や出版社に影響が出る可能性があるので、一定期間貸し出さないほうがよいという意見の一方で、図書館は、無料で資料や情報を提供する役割があるので、「すぐに貸し出してもよい」が61％で、「一定期間貸し出さない方がよい」が35％です。図書館の利用を調査すると「図書館はほとんど行かない」が68％、この「1年間で図書館を利用した人」が43％です。利用頻度別「月に1、2回程度」が全体の14％、「数か月に1回」16％、「少なくとも月に1度は行く」10％、「少なくとも週に1度は行く」4％、「ほぼ毎日行く」1％です。どんな図書館ならもっと利用したいかに対しては、「家から近い」59％、「本の種類や数が多い」42％、「いつでも開館している」31％、「面白い本がある」26％、「雑誌が読める」22％である。2015年「雑誌を読む人」52％、「雑誌を読まない人」47％、2012年度「雑誌を読む人」47％、「雑誌を読まない人」49％、1950年代には「雑誌を読む人」75％、「雑誌を読まない人」21％で雑誌を読む人が増えたのは、週刊文春のスクープの連発が影響しているようです。図書館を利用したことがない人の図書館利用の条件は、「自宅の近くや通勤・通学途中で利用できる」43％、「閲覧スペースが広いなど居心地が良い」22％、「開館時間が長い」19％。図書館を利用したいと思う条件は、18〜19歳では「自宅の近くや通勤・通学途中で利用できる」69％、子育て世代の30歳代では「子連れで利用しやすい」32％です。図書購入の優先度については、「希望者が長期間、貸出を待っても多様な本をそろえて欲しい」61％、「希望者が貸し出しを待たないように人気の本を多く購入する方が良い」29％です。

　公共図書館が取り組むことが良いと思うものについては、「子どもの読書活動の支援」28％、「地域ゆかりの図書や資料の収集」26％、「古い資料などの電子化、保存」19％、「地域住民同士の交流」15％、「グループ学習や議論ができるスペースの充実」12％、「関連図書を充実させるなど地域産業の支援」9％。「1か月で本を読んだことがある人52％のうち図書館を利用したことがある」が53％、「1か月

本読まなかった」が 47%、このうち図書館を全く利用しなかった人」が 73% でした。

　図書館の選書には、5 つの要素があります。だれが：選書者（利用者、司書、選書権を持つもの）、いつ：時期（日常的な業務、蔵書の更新、リニューアル、増改築・新設）、どこで：館類（予算、規模、運営方針、図書館の使命）、どのように：要求論と価値論（選書方法、情報源・ツール、選書基準、収集方針）、なにを：情報資源の種別（含む、新刊・既刊）です。また、利用者の読書にこたえるために、図書館は図書の「要求論」と「価値論」を意識して選書しなければなりません。

　本の資料選択論史を紐解くと、日本の戦前の良書論は、1882 年文部省訓示「図書選択は善良なる図書を選ぶこと」、1910 年文部省訓令「健全有益な図書を選択すること」、1912 年図書館雑誌「奨（すす）むべき図書＝良書の選択基準」が代表的です。1940 年、弥吉光長が、満州国立図書館設立の際、『図書の選択と整理法』を出版し、「良書とは文化価値のあるもの」と規定しました。戦前は、価値論一辺倒の時代になり、「良書とは国の政策に価値あるもの」としていました。戦後～1960 年代では、価値ある図書とは、① 形式的（形態と構成）要素、② 内容的（表現と内容）要素、著者第一主義（著者には厳しい条件）とされ、また、最もよい図書（the best reading）と良書（good books）では、図書の評価と図書選択者（利用者）のパーソナリティーを重視しました。その結果、利用者の資料要求よりも価値論（図書の評価）に力点がありました。

　1970 年代の資料選択論では、価値論（絶対的価値、社会心理学的価値）と要求論（相対的価値、経済的価値）に分けられました。しかし、どちらが正しいかの議論は不毛な論争です。理論に基づき資料選択を行うべきかもしれませんが、理論によって個々の資料を実際に選択できるわけではないのです。実は、資料選択に関する研究のなかには政治的あるいは宗教的な論争が、資料の選書対象に影響してしまう場合もあり、このことは絶対に避けなければなりません。

　米国の資料選択論を紐解くと、1890 年代は、要求論が主流でした。

利用者の要求どおりに資料を集め、そして利用者の要求を予測した選択をしていました。1980年代には、図書選択論の学説史的研究が生まれました。図書館員の選書の条件は、① 本を知っていること、② 利用者の気持ちを知っていること、③ 図書館の使命を自覚していること。資料選択の尺度は、① 読者が何かを発見するような本、② 具体的で正確な本、③ 美しい本（精神的、肉体的、物理的）です。

　米国の図書選択論史を教育的に追ってみると次の通りです。① 自然向上論：エバレット（1794-1865）、ティックナー（1791-1871）、② 要求論の形成：ハッバード（ボストン公共図書館長）、カッター（1837-1903）、ネルソン（1839-1933）、グランデン（1847-1911）、カーノフスキー（1903-1975）、③ 適書論：ディナ（1856-1920）、④ ニーズ論：ポストウィック（1860-1942）の要求、リクエスト、ニーズ、⑤ 要求理論：マッコルビン（1896-1976）の要求の価値と重要度、⑥ 一般図書評価法と価値検定法：ヘインズ（1896-1976）の主題・範囲、著者の権威、著者の性質、資料の形態的および形式的特質、読者にとっての価値。価値検定法（時間性の検定、補償性の検定、意義性の検定、影響力の検定、比較による検定）、⑦ シカゴ学派の興味理論：ウェイブルズ（1893-1978）（読みやすさ、手に入りやすい）、カーノフスキー（宣伝、知名度）、⑧ 目的理論：ゴルドフォアー（1917-）（図書館：利用者の性向、資料の特徴、図書館の目的）、⑨ 資料選択風土論：1960年代学生運動、黒人運動、ベトナム戦争後に、アメリカ人の価値観が変わり、図書館の選書も大いに変化、⑩ 資料発展論：エバンス（1937-）のコミュニティの分析から資料方針を変え図書選択に影響が出て、受入と廃棄を繰り返し、資料評価をして再びコミュニティの分析に戻る繰り返し。

　日本における現代の価値論とは、資料の選択基準を資料そのものの価値に置く立場からの資料選択論です。資料を中心として「資料と図書館の関係」「資料と図書館利用者の関係」を考察することです。つまり資料そのものの価値を重視した「資料重視型」です。日本における現代の要求論とは、利用者の要求やニーズを充足することに第一義的な意義を認める資料選択論です。リクエスト、図書館

員への直接伝達、アクセスの主観的な必要性を表し、社会的要求や自己実現要求などの階層があります。一定の質的基準が前提とする「制限的（相対的）要求論」、図書館員が価値判断をしないという理念を基盤にする「絶対的要求論」があります。

　選書後の収書について、「業務実行の原則と基準（ALA Statement on Principles and Standards 1994）」を紹介しましょう。① 所属する機関の目的と方針を第一要件とする、② 支出額に見合う価値のあるものを選ぶように最大限の努力をはらう、③ 競合する業者すべてについて平等な検討を行い、その図書館が定めた方針の許容する範囲内で選書し、それぞれの取引の長所を考慮する、④ 購入、売却については誠実、真実、公正をその趣旨として業務にあたる。あらゆる収賄行為をとその兆候について報告する、⑤ 個人的な贈与、謝礼は謝絶する、⑥ 公正、公平、倫理的かつ法律に基づいた商慣行を促進する、⑦ 詐欺商法を回避する、⑧ 出版と書籍業についての知識を得るように恒常的に努力する、⑨ 収書業務の運営を、実用的、効果的な方法で行えるように努力する、⑩ 収書業務の実行にあたって、同僚に必要な助言と援助をできる限り与えること、⑪ 正規のビジネス目的で訪問するものには、諸条件が許す範囲で、迅速で礼儀正しい応対を行う。

　選書担当、収書担当の方は、是非、心して出版社、書店の方と対応して欲しいものです。

【参考文献】
・『大学図書館経営論』加藤好郎、勁草書房、2011 年
・読書週間世論調査結果（2016 年 9 月、2017 年 9 月：読売新聞）

📖 読書の意味

　人間は、ひとりでは生きていけません。子どもは、親の背中を見て育ち常識を知ります。絵本など読み聞かせを通じて感性が身に付いていくのです。社会の習慣・慣習を通じて、自分の価値観が培われ、そしてその人の言動・行動が他人への、あるいは他人からの評

価になっていきます。人間は、まわりの人たちの愛情によって育まれていきます。子どもの、最初の「読書」との出会いは、親や大人から子どもたちへもたらされます。人間社会において、生きる力には想像力が必要なのです。想像力を養うために、「読書」という情報資源があります。「絵本」は、「子どもが読むものではなくて、大人が子どもに読んであげるものである」と言われています。読んでくれた「本」は、一生涯その思い出として、忘れることはない。

『子どもが育つ魔法の言葉』（ドロシー・ロー・ノルト、レイチャル・ハリス著、石井千春訳、PHP文庫、2003）を読書の意義にかかわるものとして紹介しましょう。

① けなされて育つと、子どもは人をけなすようになる。② とげとげしい家庭で育つと、子どもは、乱暴になる。③ 不安な気持ちで育てると、子どもも不安になる。④「かわいそうな子だ」と言って育てると、子どもは、みじめな気持ちになる。⑤ 子どもを馬鹿にすると、引っ込み思案な子になる。

読書のおもしろさとして、ダニエル・ペナック（1944-）『ペナック先生の愉快な読書法：読書の権利10ヵ条』（浜名優美ほか訳、藤原書店、2006）も紹介しましょう。（第1条）読まない権利、（第2条）飛ばし読みする権利、（第3条）最後まで読まない権利、（第4条）読み返す権利、（第5条）手当たり次第に何でも読む権利、（第6条）書いてあることに染まりやすい権利、（第7条）どこでも読んでもいい権利、（第8条）あちこち拾い読みする権利、（第9条）声を出して読む権利、（第10条）黙っている権利。

読書について、『現代読書指導事典』（阪本一郎ほか編）では、「読書は、書物が人びとに与える知識情報を通じて、人間が個々に自分の経験を拡大し、固定化し、抽象化するところの、要するに経験を高度化する行為である。そして、普通、人々の精神的成長というのは、この経験の高度化である」と、読書の意味が述べられています。読書論の課題としては、① 何を読むべきか（図書館における環境形成の理論）、② いかに読むべきか、③ 人生観・死生観・あるいは世界観をいかに養うか、があります。

　読書論の広がりのひとつとして、教育・教養論とは、国民形成を目指すものであるとされます。福澤諭吉の読書論では、「いったい学問の趣意は本を読むばかりではなく、第一が話し、次に物事を見たり聞いたり、次には道理を考え、その次に書を読むと云うくらい」とあり、読書とは最後に自分の考えを整理することという位置づけなのです。

　文学部の図書館・情報学専攻の学生に「本を読む理由と漫画の意味」のアンケートをしてみました。

・**本を読む理由**　① 授業のレポート作成の為 35%、② 社会的な教養の為 15%、③ 何かの目的でなく、文化的で非功利的欲求を満足させる為に、文学書を読む 45%、④ 家庭生活の為 5%。以上の結果から、①②④ は必要に迫られての読書であることがわかります。

・**漫画を読む事は読書ですか**　① 漫画を読むことは読書である 21%、② 漫画を読むことは読書ではない 30%、③ 漫画を読むことが読書習慣につながった 24%、④ 漫画を読むことは読書習慣につながらない 25%。「漫画は読書だと思う」45%、「漫画は読書ではない」55% という結果でした。

　全国大学生活協同組合連合会調査によると、① 一日の読書時間が「ゼロ」は、2015 年が 45.2%、1970 年は 10% でした。② 一日の平均読書時間は、2015 年が「28.8 分」、1973 年は「99 分」です。学生が本を読まなくなったことがわかります。① 一日の読書時間「0 分」53.1%（前年の 4.0% 増、5 年前の 18.6% 増）、② 一日の読書平均時間「23.6 分」、③ 一日の読書平均時間「120 分以上」5.3%（2004 年以降 4.5%〜7.5%）。高校生までの読書習慣の有無が、大学に入学してからの読書時間に影響していると思われますが、一方、学生は文科省の指導、授業の出席重視、課題図書の指定、サークル活動、一時も手から離せないスマホ、生活費のためのアルバイト等で、忙しく学生生活を送っています。決して、学生の知的好奇心がなくなったわけではないですが、教養を身につけて豊かな学生生活を送らせるためには、余暇としての読書ができるための大学教育改革が必要なのです。

【参考文献】
・『子どもが育つ魔法の言葉』ドロシー・ロー・ノルト、レイチャル・ハリス著、石井千春訳、PHP文庫、2003年
・『現代読書指導事典』阪本一郎ほか編、第一法規出版、1967年
・読書週間世論調査結果（2016年9月、2017年9月：読売新聞）

📖 新聞の意味

　新聞を読むことそのものが、教育そのものです。それは「NIE：Newspaper In Education」であり、新聞の根源的な役割です。日本国憲法の第21条には「集会、結社及び言論、出版その他一切の表現の自由は、これを保障する。検閲は、これをしてはならない。通信の秘密は、これを侵してはならない」とあります。新聞は自由な表現が許されており、新聞を「読み・知る」ことには次の意味があるのです。① 文字離れ、活字離れによるリテラシーの低下を防ぐ（読み書き能力、教養や常識）。② 国や社会に対する国民の関心の低下を防ぐ。③ 国際競争力を衰退させることを防ぐ。④ 民主主義の主体を育てるためには、社会への関心事を高める。⑤ 情報をしっかりと咀嚼できる社会人を作る。

　現代の若者たちは、あまり新聞を読みません。家庭で新聞を購読していない家族も少なくないです。明治時代の日本人は、もっと必死に新聞を読んでいました。『時事新報』を創刊した福澤諭吉は、新聞を通じ、国を豊かにするにはどうすればいいかと発信を続け、新聞文化を根付かせました。内容は幅広く、政府批判、震災の状況や"学校の運動会"も記事にのせていました。国とは一定の距離を取り、民間人のひとりとして自由に、新聞の発刊を続けたのです。

　現代の大学生には、就活の際に新聞を読んでおかないと不利になると伝えてあります。新聞を読むことが就活の条件です。理由は、次の6点です。① 就職活動の際、採用側は、学生を消費者レベルではなく、企業（会社）と価値観を共有できる教養を持っているかどうかを探っています。② 社会人は、間違いなく新聞から情報を入手

している。新聞を読んでいないと仕事が成立しないからです。③ 新聞で報道されていても、ラジオ、テレビのニュース、インターネット等で報道されていないものが多々あります。④ 新聞記事の見出しの大きさは、もちろん重要な情報ですが、たとえ、小さなコラムでも質の高い情報が満載されています。⑤「情報を得ること」と「情報を解ること」、「情報を知っていること」と「情報を説明できること」はレベルが違います。⑥ 思考のツールとして新聞は存在します。つまり、新聞は意味を伝えるために最小限の言葉を使っており、日本語として非常に密度が高いものです。民主主義の基盤には権力監視があり、新聞の取材力がそれを支えています。新聞の購読料は、いわば民主主義を維持するための投資です。そのような新聞の機能が停止すると、情報はあふれているのに、実は知る権利が非常に弱い社会に陥っています。新聞は、取材力を高め「信頼できる情報源」として機能しなければならないのです。

　読書週間世論調査結果によると、小中高の児童や生徒が新聞を読むことが「望ましい」93％、読むことで期待できる効果のうち「世の中の出来事への関心が高まる」75％、新聞を読むことで「幅広い知識が身に付く、文章を読んだり書いたりする能力が身に付く」が55％、「いろいろな見方や考え方があることを知る」が54％、「ニュースについて家族や友人と話し合えるようになる」が46％でした。新聞に対する信頼度は、18〜29歳は77％、30歳代は72％、50歳代以上は80％、70歳以上は87％でした。

　若者の新聞離れの理由は、ニュースやインターネットで情報が足りると錯覚し、新聞を読まないことかもしれません。しかし、ネットだけでは、自分が求める記事だけを読みがちで、その周辺で起きていることや、意外なことを知る機会を放棄することになります。新聞を読む理由は、自分の興味や関心を超えた多彩な情報に接することができるからであり、ネットだけでは情報量は増えたとはいえ、裏付けが曖昧で信用できるかどうかという不安や、視野の狭さからの解決になるからでもあります。

　因みに、新聞を置いている小学校8061校（41.1％、前回調査

36.7%）、中学校 3557 校（37.7%、同 31.8%）、高校 3194 校（91.0%、同 90.0%）で、配置する新聞数は、小学校平均 1.3 紙、中学校平均 1.7 紙、高校平均 2.8 紙です。NIE の活動などで新聞の重要性が認識され、配備する学校が少しずつ増えてはいるのです。

【参考文献】
・「内定先迷ったら〜就活 ON！」読売新聞 2019 年 5 月 13 日
・読書週間世論調査結果（2016 年 9 月、2017 年 9 月：読売新聞）

第2章

図書館の歴史

📖 日米の図書館の役割

　高度経済成長期には図書館数も右肩上がりで、1963年には日本図書館協会が中小レポートで「公共図書館の本質的な機能は、資料を求めるあらゆる人々やグループに効果的かつ無料で資料を提供するとともに住民の資料要求を増大させるのが目的である」とし、さらに「図書館の生命は資料であり、図書館予算の中核である」と発表しました。そして高度経済成長期には、図書館も右肩上がりで成長していましたが、次々と公害も発生しました。4大公害病は、1910〜1970年のイタイイタイ病、1953年の熊本水俣病、1959年四日市ぜん息、1965年新潟水俣病、1967年に「公害対策基本法」、1971年「環境庁」が設置されました。図書館の成長だけでなく公害がこの時代にあったことについても述べておきます。現在、日本の公共図書館数は約3,300館、因みに、人口が日本の6割弱の英国の公共図書館数は約4,100館、同じく2.5倍の米国の公共図書館数は約9,200館です。人口比からすると、日本の公共図書館数は少ないです。サービスの内容、図書館の社会的役割、市民からの信頼性・満足度等を比較した時、やはり気になります。図書館の管理・運営とサービスは、地方税が中心であり、予算不足のため蔵書購入に影響がでているのです。英国は投入される税金の1割分は、図書館自らが収益を上げています。一方、日本は「図書館法17条」で収益をあげることができません。個人的には、図書館法の改正により自律的な予算確保も必要だと考えています。

　米国の大規模公共図書館は、図書館全体の20%程度であり、80%は中小規模の図書館です。カリフォルニア大学のバークレー校に留学していたとき、7歳と5歳の子ども達と一緒によくサンフランシスコやオークランドの小さな図書館へ遊びに行きました。床に寝転

びながら、絵本をみたり、おもちゃで遊んだり、ゲームをしたりと、人種を超えて本当に楽しんでいました。私自身も子どもたちの親御さんと知り合いになり、価値観の共有化もでき、たくさんの楽しい生活に役に立つ情報を得ました。これが公共図書館の本質だと感じながら、うらやましく思う光景でした。ニューヨーク公共図書館のような大規模図書館でも基本的には同様で、子どもたちは大理石の床で滑ったり、転がったりと、静かに本を読むだけではなく、"楽しい遊び部屋"なのです。また、『グーテンベルグ42行聖書』の現物を見ることもできます。まさに、大人や広い層など「information citizen」（見聞の広い市民）に向けた情報提供なのです。日本とアメリカでは図書館の成り立ち、歴史が違います。米国では、日曜日の午前中に皆が集う教会があり、そこは大人たちのコミュニティの場所です。牧師が相談相手となり、解決の導きへの手助けになります。図書館も同様で、地域住民とのコミュニケーションをはかり、マイノリティー、マジョリティーの情報交換の場所です。哲学、技術、知識等の主題や情報が欲しければ、本、雑誌、統計情報があり、ライブラリアンも利用者の問題解決の方向に導きます。日本でも江戸時代までは、神社、仏閣がコミュニティであり、神主さん、お坊さんが牧師さんの役割をしていました。また、藩校があり本を利用することができ、教えてくれる先生もいました。明治期になり、欧米に真似た図書館を作り始めましたが、神社、仏閣の役割が変化した今、日本人はどこでコミュケーションをはかればよいのでしょうか。今こそ、日本の公共図書館は、アメリカ人が教会、図書館に出かけるのと同様、その役割を担う場所になればと思います。何故、日本はうまく運用されていないのか。それは広報不足です。営利組織は当たり前のように広報・宣伝をしますが、何故か非営利組織としての図書館は、広報をあまり積極的にしません。利用者が来館するのを待つのではなく、非営利組織は営利組織以上に、おおくの住民に広報しなければならないのです。利用者が自ら図書館利用を楽しみにして、教養（今日用）と教育（今日行）を獲得するために足を運んで欲しいのです。

【参考文献】

・『大学図書館経営論』加藤好郎、勁草書房、2011 年

📖 日本の図書館の歴史

　ここではエピソードに触れながら、年表的に図書館の歴史を追います。

　図書館史あるいは図書館概論では、日本の図書館の歴史を統治していた責任者から次のように区分しています。古代は貴族時代（飛鳥、奈良、平安）、中世は僧侶時代（鎌倉、南北朝、室町）、近世は武家時代（江戸）、近代は市民時代（明治、大正、昭和）としています。この区分によって、それぞれの時代背景を認識することで、図書館（含、文庫）の歴史が理解しやすいと思われます。

　まず、世界史上では紀元前 3000 年頃までの事例では、メソポタミアで文字資料を保存・保管して利用に供する図書館的な施設が出現しました。一方の日本では 6 世紀以降仏教の伝来に伴い識字層が拡大し、図書が普及したはじまりとなります。

・**納本制度の開始**　プトレマイオス 2 世は、アレクサンドリア図書館の目標を世界中の資料を収集することにしました。アレクサンドリアに寄港した船から、積み荷だけでなく蔵書もすべて強制的に没収し、停泊中に書写して原本はアレクサンドリア図書館の蔵書にし、写しを返す収集をしたのです。世界で初の納本制度ともいわれています。また、アレクサンドリア図書館は、ローマ軍戦艦、ローマ帝国からの異教徒弾圧、アラブのエジプト征服に会い三度炎上しました。

　一方の日本では 701（大宝元）年には、国の組織として蔵書管理組織である現在の図書館に該当する図書寮が設置されました。最も古い書庫と言えます。

・**百万塔陀羅尼経**　770（宝亀元）年、百万塔陀羅尼経が木版印刷されました。称徳天皇が「藤原仲麻呂の乱」後（764 年）、戦死した将兵の菩提として「仏の悟りの境地、極楽往生して成仏」を目的に、

大安寺、元興寺、法隆寺、東大寺、西大寺、興福寺、薬師寺、四天王寺、川原寺、崇福寺の 10 のお寺に納めた、「世界最古の印刷物」です。しかし、西洋は木版印刷を認めようとしません。その理由として、メソポタミアに源を発しギリシャ・ローマ文明を引き継いだというヨーロッパの歴史があり、当初、東アジアでの紙の印刷術を認めませんでしたが、カーターの著書『中国の印刷術』によってその事実が明らかにされ、印刷術は中国、日本の発見であることが確かめられました。が、西洋では木版ではなく、活版印刷を重視しています。西洋の印刷術の発見は、1450 年ドイツのマインツでグーテンベルクが印刷した金属活字印刷の『グーテンベルク 42 行聖書』です。「紙」の発明については、105 年に中国人蔡倫によって発明され、610 年に日本に伝わりました。ヨーロッパに伝わったのが 13 〜 15 世紀で、グーテンベルク時代の初期は、紙が少なく「子羊」（羊皮紙）が使われていました。因みに、アメリカには 1690 年にフィラデルフィアで、製紙工場が設立されました。この印刷術（木版と活版）の由来の見方の違いは西洋と東洋の価値観の違いかもしれませんが、論争ではなくて互いを尊敬することが正しいと思います。互いを尊重するという意味では歴史的には、サンフランシスコ平和条約が締結された時、セイロン（スリランカ）のジャヤワルデネ代表が、多くの日本加盟反対国の中、唯一賛成し、「憎悪は憎悪によって止むことはなく、愛によって止む」と述べ、日本の加盟が実現できた事例が上げられます。まさに "文化は愛することから始まる" のです。

　8 世紀末の奈良時代末、公開利用ができる図書館の原型としての石上宅嗣の芸亭が活動し始めます。828（天長 5）年、空海が京都に、民間向け学校と文庫を兼ねた綜芸種智院を創設しました。中世に入ると 1287（弘安 10）年、最古の五山版『禅門宝訓』が建長寺から出版され、13 世紀末 〜 14 世紀末初頭、北条顕時により金沢文庫が創設されました。1439（永享 11）年、関東では上杉憲実が足利学校を再興しました。1549（天文 18）年、フランシスコ・ザビエルが日本に初めてキリスト教を伝え、後にキリシタン版と呼ばれる書籍の印刷へとつながります。1592（文禄元）〜 1598（慶長 3）年、文

禄・慶長の役があり、これにより、朝鮮半島から日本に活版印刷術が持ち込まれました。16 世紀末～17 世紀初頭、日本では活版印刷が盛況となりました。1602（慶長 7）年、江戸城内に富士見亭の文庫が建設されました。後の紅葉山文庫の原型です。1614（慶長 19）年、慶長の禁教令（臨済宗の僧、金地院崇伝起草による「伴天連追放文」の公布）が公布され、1633（寛永 10）年、書籍の管理者として若年寄支配の下に書物奉行を設置し、関正成、星合具牧、三雲成賢、西尾正保の 4 名が任命されました。1637（寛永 14）年に島原の乱がおこり 1638 年に終結しました。1639（寛永 16）年、江戸時代を代表する幕府の文庫、紅葉山文庫が創立されました。この頃ポルトガル船来航全面禁止で鎖国体制が完成しました。1706（宝永 3）年、『幕府書物方日記』が開始して、その後の 1746（延亭 3）年から1857（安政 4）年までの 111 年間の概要が、国立公文書館の官報『北の丸』No.42～46 に紹介されています。

　1767（明和 4）年、名古屋の本屋、大惣（大野屋惣八）が創業し、明治中期まで営業し、廃業時の蔵書数は 21,401 種といわれています。その後、貸本屋が普及しました。19 世紀初頭、江戸で約 800 軒、大阪で約 300 軒の貸本屋が営業されました。いかに、日本人が本好きであったかがわかります。

●**明治時代初期の図書館**　欧米の視察のために多くの日本政府の人々が、アメリカやヨーロッパに出かけました。そして、欧米の図書館の充実に驚くのです。欧米に追いつくために国民を賢くしなければならない。それには本を読ませること、図書館を作ることが必要、と認識されました。日本で初めて「洋書」を輸入したのは、アメリカに二度、ヨーロッパに一度渡航した福澤諭吉でした。1860 年のアメリカで、福澤は「通弁の中浜万次郎という人と両人がウェブストルの字引を一冊ずつ買ってきた。これが日本にウェブストルという字引の輸入の第一番」と語っています。1862 年にはヨーロッパで、英書輸入が始まりました。そのとき福澤は、「ロンドンに逗留中、ほかに買い物もない、ただ英書ばかりを買ってきた。これがそもそも日本へ輸入の始まりで、英書の自由に使われるようになった

というのも、これからのことである」と述べています。

　日本への「情報」の輸入は、森鷗外が、クラウゼヴィッツ『戦争論』の翻訳に造語として「情報」を使ったのが最初です。その後、小説・軍事用語として使われ、一般の辞書に出てくるのは大正の終わりから昭和にかけてです。福澤諭吉は、明治12（1879）年『民情一新』3章の中で、"見聞を博して事物の有様を知る" ということに、英語の Information にあてて「インフヲルメーション」と記述しています。

　紅葉山文庫の蔵書は、明治維新後、維新政府の大学に託され、その後 1870（明治3）年に大史局が管轄。1871（明治4）年に大史局の廃止に伴い、1872（明治5）年、歴史課に属し、後の修史局修史館の所管となります。福澤諭吉『西洋事情』1編も刊行。2編は1868（慶應4）年、3編は1870（明治3）年に刊行され、近代的な図書館思想を日本に紹介した最初の事例です。

　1872（明治5）年文部省が書籍館を開設しました。町田久成が、文部省から博覧会事務局に出向し、書籍館が博覧会事務局の博物館内に設置され、町田が館長に就任します。町田は大英博物館型の図書・事物を総合的に集める博物館を構想し、すでに集積した図書館資料類を活用するために、それらを文部省管轄下から管理替えすることを主張しました。1873（明治6）年、京都市は府立の集書院落成までの措置として、一般公衆への書物の貸出や閲覧の便を開くための集書会社設立を許可しました。1882（明治15）年まで存続しました。1874（明治7）年、書籍館の場所を用いて地方官会議が開催されました。幕府の空き倉庫に書籍類を移管し、新たに書庫と閲覧棟を建てて、名称を浅草文庫と改称しました。

　1876（明治9）年、デューイ（Melvil Dewey）により十進分類法が発表（後の国際十進分類法［UDC］、デューイの十進分類法に依拠）されました。1877（明治10）年、東京府書籍館が設置され、1880（明治13）年、東京府書籍館が文部省に復し、東京図書館となりました。1885（明治18）年、千代田文庫が創設されます。東京図書館は東京教育博物館と合併し、上野公園内に移転し開館しました。

• **明治時代中期・後期の図書館**　1892（明治25）年、日本文庫協会が結成されます。1893（明治26）年、出版法が制定され、出版物の取り締まりが厳しくなりました。1897（明治30）年、東京図書館は帝国図書館と改称されました。1899（明治32）年、図書館令が公布されます。1900（明治33）年、関西文庫協会が結成されました。また、1901（明治34）年、『東壁』（関西文庫協会の機関誌）が創刊されました。1903（明治36）年、第1回図書館事項講習会開催。1906（明治39）年、第1回全国図書館大会が開催され、図書館令改正問題が協議されました。1907（明治40）年、満鉄本社調査部が図書館に関与した最初の規定を制定しました。『図書館雑誌』が10月に創刊し、和田万吉が委員長になりました。1908（明治41）年、日本文庫協会は名称を日本図書館協会に改称しました。1910（明治43）年「和漢図書目録編纂規則」が決定されました。

• **大正時代の図書館**　大正デモクラシーが始まり、小規模な図書館が設立され始めました。「自由図書館」と「簡易図書館」と言われるものです。「巡回文庫」も行われ、図書は500〜100冊程度でした。1914（大正3）年、第一次世界大戦が勃発（〜1918年）し、日本の産業の発展期を迎えました。

　また、このころ図書館職員養成の制度化もすすみます。1916（大正5）年、第2回図書館事項講習会が開催されました（日本図書館協会主催、於慶應義塾図書館）。1918（大正7）年、東京帝国大学に和田万吉が担当する書史学講座が開設、和田はこのため同年3月に東京帝国大学教授に就任します。1919（大正8）年、文部省図書館講習会開催。1921（大正10）年、文部省図書館員教習所を開設しました。1922（大正11）年、和田万吉、東洋大学で「図書館管理法一般」を講義。1925（大正14）年、図書館員講習所が、図書館講習所に改称されましたが、1944（昭和19）年には戦時下のため一時閉鎖に追い込まれ、戦後の1947年に帝国図書館付属の図書館職員養成所として再発足しました。

　大阪の間宮商店社長の間宮不二雄に、1925年11月から1928年5月までのNo.84–No.102の『図書館雑誌』の編集が委ねられ、間宮

によって編集・発行されます。1926（大正 15/昭和元）年、大阪府立図書館長の今井貫一が日本図書館協会の理事長に選任されます。間宮不二雄らにより青年図書館員聯盟が結成されました。

• **昭和時代初期の図書館**　1927（昭和 2）年、官立医科大学附属図書館協議会が結成されました（日本医学図書館協会の前身）。1928（昭和 3）年、『図書館雑誌』6 月号に「編集者変更について」という告示が掲載。日本図書館協会の理事長に帝国図書館長の松本喜一が就任し、『図書館雑誌』編集実務の東京復帰が実現しました。UDC を採用した最初の大学図書館は当時新設されたばかりの台北帝国図書館です。第二次世界大戦終結時までの 10 年余の間に UDC によって分類された図書の集積は約 60 万冊を超えました。1931（昭和 6）年、医科大学図書館協議会で UDC の医学部門の日本語版作成が勧告された。1933（昭和 7）年、改正図書館令が施行され、公共図書館を「社会教育」という行政目標に取り込み、「国民の教化」を図りました。1941（昭和 16）年日本が真珠湾攻撃を開始して第二次世界大戦の宣戦布告をします。1943（昭和 18）年、ドイツの日刊紙 "Frankfulter Zeitung" がヒトラーによって発刊禁止されました（1949 年に "Furankfulter Allegemine Zeitung" として復刊）。この頃、文部省は各地の図書館に貴重書等の疎開を指示しました。一方 1944（昭和 19）年、UDC の翻訳原稿が、いくつかの主題分野で、ほぼ完成に近づきました。

• **昭和時代戦後の図書館**　1945（昭和 20）年、GHQ による占領政策が開始（1952 年 4 月まで）。『初期対日基本方針』に基づき占領政策が実施されます。CIE ライブラリーが旧 NHK ビルに設置されました。1946（昭和 21）年、第 1 次米国教育使節団が来日（27 名の使節団で構成）。この中に図書館関係者は、シカゴ大学の図書館学教授であったカーノフスキーが含まれていました。1946（昭和 21）年、キーニーが GHQ の民間情報教育局（CIE）に着任し、日本全国の図書館を視察し、図書館界の代表者たちと意見交換をし、いわゆるキーニー・プランを説きました（1947 年に米国に召喚）。全日本科学技術団体連合会が、UDC の 3 つの部門を出版しました。1947（昭和

22）年、帝国図書館付属の図書館職員養成所が再発足し、1948（昭和23）年、国立国会図書館が開設され国立国会図書館法が施行されました。

●**国立国会図書館の納本制度**　1948年5月25日（納本制度の日）から開始された納本制度では、国や地方公共団体の出版物は、公用や国際交換等の目的のために、既定の部数を直ちに納入することや、民間の出版物については、文化財の蓄積及びその利用に資するため、発行の日から30日以内に、最良版の完全なものを一部納入することなどが決められました。日本だけその制度には、「代償金制度」があります。定価の半分が出版社に戻す制度です。納本制度の準備の際、その制度に対して猛反対が起こりました。理由は、「明治26年出版条例の再来である。検閲であるので図書館の自由に反するものである」。それに対して、国立国会図書館側は、検閲でないことを説得するために「代償金制度」を導入しました。しかし、それを悪用する出版社も現れたのです。亞書問題（図書として評価できない出版物）が起きて、高い価格の半分を出版社に戻せというものでした。本の内容で納本の適否を判断することは検閲につながるのでそれはできませんが、納本の制度を悪用すればできてしまう可能性もあり得るのです。

　1949（昭和24）年社会教育法が制定され、図書館法の上位法に該当した。1950（昭和25）年、図書館法が制定されます。ダウンズが日本で図書館専門職の教育訓練施設を設置するため調査結果をまとめました（米国・英国式のプロフェッショナル・スクールである図書館学校を設置できそうな日本の大学として、東京大学、京都大学、同志社大学、早稲田大学、慶應義塾大学の名前を挙げる）。東京大学で図書館学講座が開設されます。日本UDC協会が設立発足（八木秀次が会長）しました。「UDC Information」も創刊されました（1958年に「ドキュメンテーション研究」に改題）。12月にロバート・ギトラーが来日、Japan Library School設置大学を決定するために候補の5大学を実地にめぐり、慶應義塾大学に決まります。1951（昭和26）年、慶應義塾大学にJapan Library School（日本名は日本図書館

学校：慶應義塾大学文学部図書館学科）が開講しました。ギトラーは Japan Library School の Dean（学科長）として職責を遂行し、1956（昭和 31）年 9 月に帰国。慶應義塾大学文学部図書館・情報学科では、優秀な塾生の卒論には、「ギトラー賞」が贈呈されています。1952（昭和 27）年日本が主権を回復しますが、GHQ による言論統制・検閲は主権回復するまで行われました。

• バカヤロー解散　学校図書館にとっての大事件が、1953 年 3 月 4 日の「バカヤロー解散」です。吉田茂総理大臣が、野党の国会議員に「バカヤロー」とつぶやいたのがマイクに拾われ大変なことになり、このことで、衆議院は解散しました。実は、この日、学校図書館法が成立する予定でした。結局 1953（昭和 28）年 8 月に成立するのですが「司書教諭を置くことができる」は、「当分の間司書教諭を置かない事ができる」に変更されてしまったのです。1997 年に「司書教諭を置く」ことがやっと成立しました。それでも 2003 年の 5 条には「司書教諭を置かなければならないが、学級数 12 学級数未満の学校では、当分の間、司書教諭を置かない事ができる」とありました。学校図書室の現状は、兼任司書教諭が多く、彼らは学級担任を持ちながら授業時間数の軽減措置もない状況でした。そこで、2014 年 6 月に改正学校図書館法（可決、成立）として「学校司書を置く努力義務を定めた」となり、2015 年 4 月から施行されました。第 1 条「学校図書館が、学校教育において欠くことのできない基礎的な設備」とあるように、司書教諭の法制化が遅れたことは、学校図書館の近代化には大きく後れを取りました。

　1954（昭和 29）年、大学基準協会、図書館学教育基準が制定。1956（昭和 31）年、科学技術庁を創設しました。1957（昭和 32）年、日本科学技術情報センター（Japan Information Center for Science and Technology：略称 JICST）が発足（科学技術庁の傘下）しました。1958（昭和 33）年、JICST、『科学技術文献速報』を「ドキュメンテーション研究」と改題（1987 年に「情報の科学と技術」に改題）しました。1959（昭和 34）年、前田多門が専門図書館協議会会長に就任（同年 5 月〜1962 年 4 月まで）し、1961（昭和 36）年（株）学

校図書館サービスが創業（後、TRC に合併）しました。1962（昭和37）年、英国に科学技術貸出専門図書館（The National Lending Library for Science and Technology：NLL）が開館しました。1963（昭和38）年、日本図書館協会が『中小都市における公共図書館の運営』を刊行しました。1964（昭和39）年、図書館短期大学が発足（前身は図書館職員養成所）しました。

• **昭和時代「情報」時期の図書館**　「情報とは」の時代から「情報」が認知され一人歩きする時代です。図書館学の「情報」についての議論を二つあげます。J.H.Shera は「情報（Information）とは刺激として人間の感覚を通じて得られる事実である。情報は個々の独立した事実の場合もあれば、事実集成の場合もある」。B.C.Vickery は「情報（Information）は知識の集合であって、出版物として記録されるか、個人のなかに記録される」。つまり、情報とは図書として個々の事実を、絵、言語、文字、レポート、雑誌、事実を集め、記録、過去の歴史として語り継がれた図書も情報と言えます。さらに、図書館では、Information は「事実のデータ、広報、案内の情報一般」で、Intelligence は「事実データに知的な処理を施した（加工した）結果得られる知識（図書、雑誌、学術論文等）」としています。

　1967（昭和42）年、慶應義塾大学大学院文学研究科図書館・情報学専攻修士課程が開設されました。1968（昭和43）年、慶應義塾大学文学部図書館学科が文学部図書館・情報学科に改称。1970（昭和45）年頃、ドキュメンテーションという語に代わって「情報」が使われるようになりました。

　1971（昭和46）年に国立公文書館が設立されます。1976（昭和51）年、JOIS（JICST Online Information Service)−I, サービス開始（検索専門家向けで、以後、JOIS−IV までバージョンアップ）され、東京大学情報図書館研究センターが発足しました。1977（昭和52）年、大学基準協会、図書館・情報学教育基準が制定され、1979（昭和54）年、図書館情報大学が開学（学部学生の受け入れは 1980 年4 月から）した。（株）図書館流通センター（TRC）が創業し、1980（昭和55）年、学術審議会『今年度における学術情報システムの在

り方について』を文部省に答申。1982（昭和 57）年、TRC は三自治
体で汎用書誌データベースの提供を開始しました。1983（昭和 58）
年、東京大学文献情報センターを設置（東京大学情報図書館研究セ
ンターを改組）し、1984（昭和 59）年、図書館情報大学大学院図書
館情報学研究科修士課程を開設しました。目録所在情報サービス
（NACSIS-CAT）も開始し、1986（昭和 61）年、学術情報センターを設
置（東京大学文献情報センターを改組）しました。1987（昭和 62）年、
『ドキュメンテーション研究』を『情報の科学と技術』に改題します。

　インターネットの発展に移ります。1990 年代にインターネットが
発達し、ウェブ（WWW）はマルチメディア対応（文字、画像、音
声、動画）として共通のプラットフォームを作り、図書館は OPAC
を構築し、インターネット経由で公開し相互協力が可能になりまし
た。電子図書館・デジタル図書館は、① 何らかの資料の全文をウェ
ブサイト（古典的な小説全文等）で提供、② 写真や画像のマルチメ
ディアコンテンツを提供しているウェブサイト（古文書、古地図、
写真、絵画の画像ファイル）、③ インターネット上の情報資源につ
いての情報を提供しているウェブサイトで図書館のホームページ
（所在地、開館日、サービス等）を提供、④ ウェブなどのデジタル
資源を保存し、提供しているウェブサイトでは、国立国会図書館関
西館がウェブアーカイブを提供、などがあげられます。

　1990（平成 2）年、TRC による汎用書誌データベースの提供は公
共図書館 850 館、大学図書館 120 館、専門図書館 50 館に拡大し、
1992（平成 4）年、図書館相互貸借システム（NACSIS-ILL）が開始
されました。1999（平成 11）年、民間資金等の活用による公共施設
等の整備等の促進に関する法律である PFI（Private Finance Initia-
tive）法を制定しました。学術情報センターが国立情報学研究所に
改組されます。2001 年（平成 13）国立公文書館を独立行政法人化
し、文部科学省が発足（文部省を改組）しました。国立国会図書館
国際子ども図書館、部分開館（全面開館は 2002 年）。2003（平成 15）
年 JST、独立行政法人化。地方自治法が改正（指定管理者制度に法
的な基盤が与えられた）されました。また、JST はエンドユーザー

向けの『JDream』の提供を開始しました。2006（平成18）年、JOIS
と Dream を統合した JDreamII, サービス開始（JST による科学技術
文献情報に関するオンライン検索システム）。2011（平成23）年に
CiNii　Books が公開され、2013（平成25）年、JDreamIII のサービ
スが開始（JDreamII の後継システム。（株）ジー・サーチが提供）さ
れました。2015（平成27）年、JST は国立研究開発法人科学技術振
興機構（JST）に改組されました。

【参考文献】
・『福翁自伝』福澤諭吉著、富田正文校注、慶應義塾大学、1998年［非売品］
・『歴史に見る日本の図書館』高山正也、勁草書房、2016年
・「大妻女子大学図書館概論」テキスト、加藤好郎、2020年

📖 戦中・戦後の慶應義塾図書館

• 慶應義塾図書館の被爆から終戦へ　図書の疎開は、第1回が昭和
19年7月に新潟県中魚沼郡十日町の西脇寛三郎方の倉庫に向け始
まりました。第2回は昭和19年10月山梨県甲府市和田平町寺田重
雄方倉庫で、分散疎開を行い、教職員無期限貸出として「義塾図書
館所蔵図書の大部は疎開を完了致したが、残留図書について研究の
利便と兼ねて、危機分散の意を含め、左記により特別長期貸出を行
います」が掲示されました。昭和20年5月26日、慶應義塾図書館
が空襲で被爆（23日～25日被爆：大型焼夷弾。26日被爆：エレク
トロン "軽いマグネシウム合金 "焼夷弾）。第3回疎開は昭和20年
7月長野県更級郡稲荷山高村象平教授の父の生地邸内倉庫でした。
昭和18年11月「出陣塾生壮行会」（昭和13年4月「国家総動員法
公布」、昭和14年7月「国民徴用令公布」）。昭和19年8月「学徒勤
労」は公布されました。慶應義塾図書館は学生教育のために巡回文
庫を実施し、教科書を読める機会を与えました。しかし、愛知県豊
川海軍工廠長の中将は「今、お前たちに学問は必要ない。お国のた
めに勤労することだ」とし、教科書を読ませなかったのです。「巡回
文庫」は、勤労動員されている他の塾生にも、巡回する形で各地域

に図書は送られていたですが、他の工廠では、「大学生なのにさぞ辛かろう。いつ死ぬか分からないからこそ、今、したい勉強をしておけ」と本を読ませる許可をした工廠長もいました。「三田の山」に焼夷弾が投下された時、図書館の主事（事務長）は塾生80名が愛知県豊川海軍工廠に勤労動員としていたので監督役として出張していました。図書館主事は、「トショカンヤケタスグカエレ」を電報で受け、すぐに終電車で豊橋まで、大船行の列車は満員で立ち通し、大船から藤沢へそして保土ヶ谷から歩いて横浜へ向かいました。塾生のトラックで鶴見の自宅にたどり着き、翌日「三田の山」に駆けつけると図書館はまだ時々煙が上がっていました。当時、国電に乗ると新橋駅から品川駅まで、車窓から焼けただれた慶應義塾図書館の姿を見ることができたそうです。幸田成友君は「焼けた書庫の最上館の鉄骨が三田通り付近から、中天にかかって見るのは如何にも悲惨だ」と語りました。また、折口信夫君の様子を、図書館員は次のように述べています。「折口君（先生）は、まだ燃えつづけている図書館をじっと見つめていた。やがて振り返って、ただ一言、本はといった。書庫には火は入っていない筈だと答えると、はじめて笑顔になって、何かと話しかけてきた」。慶應義塾は教員であっても福澤先生以外は「君」です。教職員の誰しもが図書館の本が無事だったことを心から喜んだのは、大学の生きがいそのものでもあったからで、いつもあまり図書館は使わないと豪語していた人も、書庫が無事であったことが大学の救いであったと感じました。建物は焼けてしまい、「三田の山」の木々も緑を失ってしまい、人々も放心状態にあったとき、図書館の蔵書約40万冊の本が無事でいたことは、「大学が生きていけることを知らせる鼓動」でした。慶應義塾は、図書館の再興こそが、大学の復興と考えたのです。

　一方、戦争の悲惨さ、悔しさを感じさせる慶應義塾図書館の戦後があります。

●慶應義塾図書館のホーレイ文庫とは　ホーレイは英国ダラム州ストック・オン・ティーズ生まれで、リバプール大学卒業後東洋学を各地で学び、昭和6（1931）年に東京外国語学校等の語学教師とし

て来日しました。日本語に堪能で、書誌学にも通じ古書を収集しました。昭和16（1941）年、第二次世界大戦の開戦により英国に送還されましたが、戦後再び来日し、英国の新聞社ザ・タイムズ紙の特派員となり、55歳で没するまで京都山科に住んだ人です。質量ともに豊富な古典籍を収集しましたが、本草書、鯨および捕鯨に関する文献、琉球関係書、和紙に関する資料、古辞書などの収集に特徴があります。戦前に収集した1万7千冊もの資料は、敵産管理法により「敵産図書」として処分され、三井信託を通じ慶應義塾大学が購入、三田の書庫に保管されました。戦災の焼失を免れた約9,300冊が本人に返還されました。戦争直後は貴重な古典籍が市場に出たため、ホーレイの収集活動も充実し、古写本をはじめとして春日版・高野版・五山版等の古版本、古活字本などの多くの稀覯書が収集されました。その後、昭和20年代後半から蔵書が売りに出され、約70種の五山版は天理図書館が購入しました。ホーレイ氏の没後、入札会で1万冊が競売により蔵書が散逸しました。和紙関係文献431点は、天理図書館、琉球関係文献936点はハワイ大学の蔵書となりました。国立国会図書館では、古活字版約10点を所蔵しています。以上のホーレイの蔵書が、慶應義塾図書館の戦後の大きな問題になるのです。先述の通り昭和20年5月25〜26日、慶應義塾図書館が空襲で被爆しエレクトロン焼夷筒に被弾します。ホーレイ文庫は、大部分書庫内にあって無事でしたが、洋書の一部が失われました。慶應義塾図書館における終戦処理期間中の最も不愉快な仕事は、ホーレイ文庫の返還事務でした。ホーレイ氏は初め本が残ったのを喜んでいましたが、後に、慶應は本を隠すといって怒ったのです。ホーレイは、たまに顔をだしては勝手に書庫を歩いて、自分の旧蔵本を見つけ出して、「慶應は返すのを惜しんで隠している、"何の本がない、彼の本もない"」と騒ぎ出しました。英国公使館員が、ホーレイ文庫の返還の件で、慶應に来ます。GHQからも慶應に交渉に来ます。野村館長は（退任挨拶）「GHQからやってきて、いろんな事でアメリカ人、イギリス人が入り込みまして、いろんな事を言ってくるのが嫌だなと思いました。敗けた国というのは、如何に惨めで

あるかという事を私はしみじみ感じました」。事務長柄沢氏は（回顧「三田評論」）「ホーレイは、大きなトラックを持って自己の書籍の箱詰め取りに来られるので、数回にわたってリストをつけて返す。ところが、その数日か 1 ～ 2 週間後にまた見えて、揃っていた本が一冊欠けている。一冊も欠けていては、全部ないと同様だと私をどなりつける始末、全く泣いても泣ききれない話である。しまいには塾の図書館と教授の私宅を MP と日本の警官を使って家宅捜査するとまでいう」と述べました。慶應義塾図書館が善意で三井信託から買って保存したのに、ホーレイが悪意で慶應が隠すように宣伝するのは、実に心外でした。もともと、買った当初から目録と図書とは一致しないで、スタインの本などは明らかにありませんでした。三井信託から買ってもホーレイ夫人（日本人）の父と称する人から、あれは自分の買った本だから、慶應でいらないものは夫人の生活のために返してくれとの交渉が再三再四ありました。それにもし応じていたら、なお慶應は悪人になっていたでしょう。それらの本が終戦前、架蔵されていた書棚は、図書館が直接夫人から買ったので、夫人にも幾分かの金が渡りました。ともかく分散されず、戦災で損傷はあったものの、相当の分量が揃って残っていたことは慶應が買ったればこそで、感謝してしかるべきであるのに、教授の家を捜索させろといい、また図書館に元から所蔵していた本（津田左右吉のものなど）を自分のものだ、などと強引に持ち返ったりしたのです。また昭和 8 年に慶應義塾図書館寄託を解約した亜細亜協会の旧図書を古本屋で見付け、この通り慶應は預かった本まで売るなどと言い触らしました。戦勝国人のホーレイの言い分が皆正しいとされ、慶應の主張は全部否とされました。交渉は永くかかりました。GHQ の Civil Property Custodian（民間財産管理局、以下 CPC）の係員も幾度か変わって訪れました。CPC の係員は「本当に困ったことだ。アメリカ人同士なら良いのだが」と述べています。これは「ホーレイ氏が英国人だったためであると暗に思わせることであった」のです。フランク・ホーレイ文庫は、昭和 22 年 2 月 4 日付の連合国軍最高司令官からの命令により返還することになりました。総数買入は和漢書

14,643 冊、洋書 2,630 冊。既に返還した冊数は和漢書 8,539 冊、洋書 742 冊。疎開中のものは和漢書 27 冊。慶應義塾は、昭和 28 年に未返還図書のないことを正式に解答しました。昭和 35 年 8 月、日本政府から補償金 857,952 円が慶應義塾会計課へ入金されます。ホーレイが慶應から強引に持ち去った本は、昭和 36 年 4 月、東京美術倶楽部において展観入札が行われ、慶應義塾図書館の蔵書印のある本が日本各地に散らばって、他の大学や愛書家から問い合わせがきました。それらの本は、調査したうえ、ホーレイ旧蔵のものはその旨記した付箋を貼るとか、消印を押すとかの対策を施しました。残念なことは、ホーレイ自身強引に持ち返ったものもあるし、また一方、当時の図書館には生え抜きの図書館員がいなくて、教員たちが主要部分を占めていて、義塾図書館の蔵書に気づかなかったとも言えるのです。『慶應義塾図書館史』にこのことはよく述べられています。当時の、ほとんどの図書館には、現在のような司書はいません。本当に苦労なさったことがよく理解できます。戦後、昭和 26 年 4 月に文学部図書館学科にが「日本図書館学校（JLS）」としてスタートしました。現在、図書館・情報学科として継続していますが、「令和」時代に向けて、図書館司書の役割も、より専門性が高いものにならなければなりません。歴史的な役割を尊敬しながら、「温故知新」の精神で、図書館と図書館員が発展することを期待しています。

【参考文献】

・『慶應義塾図書館史』慶應義塾大学三田情報センター、1972 年［非売品］

📖 東洋に唯一の『グーテンベルク 42 行聖書』

　慶應義塾大学が『グーテンベルク 42 行聖書』を 1996 年春に丸善から購入しました。丸善は、福澤諭吉の教えを受けた早矢仕有的（1837–1901）が、日本で初の株式会社「丸善商社」を 1869 年に開業して、西洋文化を日本に広めるために洋書の輸入販売を始めたことに由来します。『グーテンベルグ 42 行聖書』は、1450 年ドイツのマインツで、グーテンベルクが活版印刷を発明し、これを 180 部印

刷したものです。欧州で印刷に紙が使われるようになるのは 15 世紀になってからであり、それ以前は、牛、仔羊の皮が使われていました。したがって、グーテンベルクの印刷物は、紙と羊が半々でした。印刷の発明は、ある日グーテンベルクがワイン醸造製造を見ていて、ワインの汁を絞る方法で印刷もできるのではと気が付いたからとされています。日本の最初の印刷は、8 世紀の木版印刷の百万塔陀羅尼経ですので、7 世紀も早く印刷されていたことになります。西洋における印刷革命の影響は、写本から大量印刷への大きな変革期でした。「コンスタンチノーブルが落ちた 1453 年に生まれた一人の男が、その 50 年の生涯に見ることができた印刷本の数は、おおよそ、800 万冊ほどになるであろう。その数字はコンスタンチヌス帝が 330 年にその地を東ローマ帝国の首都と定めて 以来 10 世紀の間にヨーロッパ全土の書字生が書いた写本の数より多いものである」(Clapham, M. "Printing" in a history of technology. Oxford University, 1957)。印刷物の写本に対する優れた特質とは、まず第 1 に、標準化(Standardization)です。標準的出版プロセスにより、著者、出版社、読者の信頼関係が本作りのための企画・編集として確立します。第 2 に普及性(Dissemination)です。大量複製手段により、情報の伝播、普及の範囲を拡大しました。第 3 に不変性(Fixity)です。写本時代には異本が出現していましたが、同一物の大量複製という印刷物はコンテンツの不変性をもたらしました。

　グーテンベルグが印刷した 42 行聖書のうち 44 部が現在世界に残っていますが、それぞれの図書館の購入までには多くの来歴があります。慶應義塾本は、15 世紀から 18 世紀は、ドイツのマインツの修道院が所蔵していました。19 世紀半ばゴスフォード伯爵(英国以外の国の伯爵)がこれを購入。1878 年書籍業者ジェームス・トゥービィー(James Toovey 伯爵)がその全蔵書を購入。それを 1884 年 4 月 21 日書籍業者パティック・アンド・シンプソン(Puttick & Simpson)が競売において 500 ポンドで購入しました。さらにハックニー卿(Lord Amherst of Hackney)が 600 ポンドで購入しました。1908 年 12 月 3 日書籍商バーナード・クォリッチ(Bernard

Quaritch）がサザビー（Sotheby's）の競売（2,050 ポンド）で購入します。1947 年 3 月 11 日マグス書店（Maggs Brothers）がサザビーの競売（2 万 2 千ポンド）で購入し、1950 年ドビニー伯爵夫人（Countess Dobeny）がマグス書店から 7 万 9,375 ドルで譲り受けます。1987 年 10 月 22 日クリスティー（Christie's）の競売で丸善が落札。この価格は 490 万ドル、手数料 539 万ドル。日本円で、7 億 8 千万円という当時の印刷本の落札価格の世界最高記録です。1996 年春、慶應義塾大学が丸善より購入したのです。

　米国議会図書館（LC）の『グーテンベルク 42 行聖書』の来歴は、ヨハン・フストがパリに運び国王、貴族に売ったことに始まります。ベネディクト派の宣教師団が購入しシュバルツバルト地方のザンクト・ブラシウス修道院に移動しました。ナポレオンのドイツ西部侵入に伴いスイスのアインシーデルン修道院に密かに移動されます。1808 年ナポレオンのさらなる攻撃で、オーストリア皇帝の誘いによりオーストリア山中の修道院へ移動しました。第一次世界大戦でオーストリア・ハンガリー帝国が崩壊し、修道院は財政危機に陥り『42 行聖書』を売りに出します。ドイツのオットー・フォルベーア（書籍商）が 15 万ドルで買い取りました。その後、オットーはアメリカへ移住し、1930 年、LC は、オットーから 37 万ドルで買い取りました。状態は仔羊の皮、製本 3 冊、保存良好。1978 年端本、1 ページが 240 万ドル。オットーに 150 万ドル支払ったのです。パトナム館長の LC 戦略として、彼は、「米国の LC は、世界に誇れる文化遺産を持つべきだ」（1930 年代大恐慌の時代）「資料あるものは後世に残せなくなるかもしれない。しかし、われわれは自身が結局は後の世代だったのである。むしろ、尊敬の念を払わなければならないのは、われわれが利用できるように資料を残してくれた祖先に対してであろう」「議会図書館は、研究者をワシントンに呼び寄せるだけではない、通信手段を使い合衆国全土の研究をも促進しているのである」と述べています。

　古典は、今も創作することができると考えられています。今日できた「本」が、「詩」が、「歌」が古典になる可能性があります。つ

まり、古典とは過去のものだけではないのです。過去の時代に生きた人々は亡くなり、跡型も形跡もなく消え去っていきます。古い資料は、東西を問わず古典として残っています。われわれはその現物に触れることができます。時代が変わっても文化は残り、その中心になる古典への感触は現代と変わりません。むしろ我々の気持ちを過去に引きずって行ってしまいます。しかし「こんなに時代を隔てても思いを共有できる」と思えるのは、資料として形で残された古典との偶然の出会いです。ただし、古典を、知り、楽しむためには、古典と現代との共通点を、共有するための「時代背景」「精神構造」の古典の形を知らなければなりません。多くの感動的な古典との出会い、そしてそのことが現代では一体何に匹敵するのかを考える喜びがあります。その「時代背景」「精神構造」の一致を発見できれば古典との触れ合いが、歴史を学ぶことでの自分の人生形成が見えてくるかもしれない。その意味では、昨日読んだ、今日読んだ「優れた本」が古典になる人もいるのです。

　コミュニケーションの歴史には、三大革命があります。最初の革命は「言語」を使うようになったことです。第2の革命は「文字」を使い始めたこと。そして第3の革命は「印刷」を発明した時です。人類が文字を使わない時代の言語文化は、記憶による伝承と音声言語による情報伝達手段、つまりその場限りで、正確な再現が困難でした。正確な再現のために単純な記号を使用するようになり、それが「絵」であり記録の始まりでした。現代のコミュニケーションは、容易に受信し、利用し、加工し、再発信できるものという意味で、コミュニケーションの『第4の革命』、つまり、賛否はともかく、それがインターネットの存在なのです。

【参考文献】

・『古典力』齋藤孝、岩波新書、2012年
・『書物の文化史』加藤好郎ほか編、丸善出版、2018年

第3章

図書館の課題解決支援

📖 図書館の課題解決支援サービス

　文科省・生涯学習政策局社会教育課編「「図書館海援隊」プロジェクトについて（図書館による課題解決支援)」では、①〜⑤のような支援サービスについて述べています。

　① 労働・生活に関するトラブル解決に役立つ図書館の紹介・提供や、相談会の開催を実施すること。このことには、直接と図書館員が応えるのではなく、図書館でポスター等の情報を得て、相談するところを知らせています。例として、厚生労働者の「法テラスプレスリリース：図書館海援隊」があり、公立図書館による課題解決支援をバックアップしています。

　② 心の問題、健康に関する図書等の照会・提供や相談会、講演会等を開催すること。読書相談サービス（Readers' Advisory Service)とは、読書への興味がありながら、読書対象資料の選択ができない利用者に、「資料選択」「資料検索」「入手援助」をサービスすることです。貸出サービスの補完的サービスと言えます。米国では、1920年代に発達しました。目録・書誌・書評等の情報源から、入手に関する知識を駆使して迅速に適切な図書を提供しています。読書案内デスクを設置されていて個人情報を守ることができる。利用者の主体的読書要求の支援であり、図書館員の嗜好や価値観にならないように注意することも必要です。

　さらに、心の問題については、読書療法（Bibliotherapy）があり、その定義は「パーソナリティーや行動などの精神的問題をもった患者の治療を目的に精選された読書材の利用」とされています。読書療法は、読書が人間の行動に影響を与え、精神的障害に対して治療的価値を持っているということです。古代ギリシャの図書館の入り口には「癒しの場所」と記されていて、図書館は心を癒す場所でし

た。1930年代、メニンジャー（Menninger）兄弟の著書『人間の心』で、メンタルヘルスの手段として読書が与える影響を研究されています。療法の方法として、① 一人で読書を読み進めていく療法、② 読書をカウンセラーとクライアントとで一対一の療法、③ 読書会による集団療法があります。米国では、利用者の生活に浸透していて、治療として読書することが図書館員の宿題とされています。英国では、精神科医が地元の図書館に患者さんを紹介しています。図書館員が患者の症状と読書歴を確認したうえで、図書の「処方（選書）」をしています。

　③ 自己啓発、技術・資格・就職に関する図書等の照会や提供をすること。特別の場所に出向く前に、関係図書から一定の情報を得ておけば精神的・時間的な余裕を持つことができます。

　④ 行政の支援制度に関する資料等の提供、説明会・セミナーの開催をすること。衆参選挙の時、どこから候補者の情報を得ているのか、その情報量が十分なのかとても不安です。図書館が、地方議会報告を得ることができれば、候補者を適切に選ぶことが可能になるのです。

　⑤ 新たな地域の課題解決のための支援や情報提供（子育て支援、農業・観光等の地域活性化支援、消費者問題、防災・防犯等）が、図書館が社会教育・社会情報提供の中心であること。具体的な課題解決支援サービスとしては、就職支援（面接、履歴書の書き方、再就職のポイント）の資料提供、資格取得関連（職業紹介本、資格関連テキスト）の提供、労働関連法規や制度（労働基準法、権利条項等）の提供、保障制度関連情報（生活情報、その他の助成金）提供、こころの問題（自殺予防、セルフカウンセリング、相談窓口紹介）をささえる、利用者インターネットPCの利用相談などがあります気楽に出かけられれば、利用者、特に高齢者にとってはプラスになります。

【参考文献】

・「日本大学文理学部　図書館サービス概論」テキスト、加藤好郎、2020年
・『図書館サービス概論』宮部頼子編集、樹村房、2012年

📖 いじめ対策と図書館の役割

　文部科学省は、2006 年度から「いじめの定義」をしたうえで教育委員会付属機関を設置し、その定義を「一定の人間関係のある他の児童生徒が行う心理的または物理的な影響を与える行為」と定めました。いじめかどうかを被害者側の立場から判断することになっています。以前は、「一方的」「継続的」「深刻」の三要件が必要でした。2011 年「大津市の中 2 いじめ自殺事件」から調査の掘り起こしを始めました。予算として、いじめ対策等推進事業：早期発見・対応（文科省）2015 年度 49 億円。放課後子供教室（文科省・厚労省）4,882 億円です。さらに以下のような対策もあげられています。① スクールカウンセラーの配置拡充：全公立小中高校＋特別支援学校＝約 3 万 5,000 校うち 2 万 2,000 校に 7,344 人を配置（文科省の補助事業分）。② スクールソーシャルワーカーの配置拡充（現在、1,399 人）：小学校中学校で 2,200 人、貧困地域 600 人。③ 24 時間子供 SOS ダイヤル 0120・0・78310（なやみ言おう）。④ 子どもの人権 110 番 0120・007・110（午前 8 時半〜午後 5 時 15 分）。⑤ NPO 法人「チャイルドライン」支援センター　0120・99・7777。放課後子供教室（文科省）と放課後児童クラブ（厚労省）が動き始めました。スクールソーシャルワーカー等の活動は、次の 2 つです。① すべての子供たちを対象とした学習支援・プログラムの充実。② 放課後の整備。例えば、スクールロイヤーとは、学校現場で起きた様々な問題の解決をサポートする弁護士で、一般的には自治体などから委託されますが、学校側の代理人ではなく、子供や保護者の事情を検討した上で教員らに助言します。いじめや保護者のクレームがあった際、法的な対応を求められるケースも増え、2013 年頃から各地に広がりました。文部科学省の委託事業でスクールロイヤーによる学校での法的相談を実施するのは大阪、三重、大分、徳島、茨城の 5 府県。他に、岡山県や仙台市など 15 自治体が独自に実施しています。スクールロイヤーは、日頃から学校側の相談相手として信頼関係を築き、教員と子供の双方にとってより良い解決策を目指していくことが大切であり、それが多忙化で疲弊している学校を救うことにもつながると

しています。例えば、部活動で「子供がレギュラーになれなかった」と保護者から顧問にクレームがきたとします。すると「選考基準、方法がよほど不合理でない限り、法的に問題はない」と学校側に助言します。また保護者が弁護士を代理人に立て、「教員が子供に暴言を吐いた」と追及された際には、教員と一緒に、事実関係を代理人に丁寧に説明し、保護者に伝えてもらいました。生徒同士の SNS トラブルで被害生徒の保護者が経過報告や再発防止の誓約書を学校側に要求した際には学校側にその義務はなく、「指導を徹底する」と口頭で回答をアドバイスしました。ソーシャルワーカーは、以下の活動を行います。① 教育相談の充実：ソーシャルワーカー。② 学習指導の充実：地域事業塾による学習支援、大学生と教員 OB 等の地域住民の協力。無料の学習支援。「子ども・若者の健やかな成長」は、放課後の居場所の活動の場。図書館、公民館が住民にとって、より身近で利用しやすい施設となるように、環境整備を推進します。

　日本の子どもの貧困率は 6 人に 1 人（米国は 3 人に 1 人）と言われています。1989 年 10.9%、2009 年 15.7%（1.4 倍）、2014 年 16.3%（1.01 倍）、2016 年 13.9%（−1.17 倍）とされています。貧困線年間収入は 122 万円以下。相対的貧困率（他と比べて貧困）と絶対的貧困率（食料・生活必需品）があり、日本では前者が問題です。子どもの貧困が、もたらすことは経済的困難を中心に、「健康」「学力」「親子関係」「経験」に影響を及ぼすといわれています。ある地域では、先生の家庭訪問を嫌う家庭があります。子どもは、もともと地域で育てるものです。大人は、子どもに声をかけることを当然としなければならないのです。児童クラブに集まるように、授業終了後 15 時には図書館に集まることはできないでしょうか。学校の近隣図書館と図書館員は、そのことを仕事としてマニュアル化して欲しいものです。

　2016 年度の厚生労働省報告によると、親と子のみの世帯が 63.2%、そのうち 11.0% が子どもの貧困、三世代世帯が 28.5%、そのうち 11.0% が子どもの貧困、母子世帯が 4.1%、そのうち 66.0% が貧困、父子世帯が 0.6%、19.0% が貧困、高齢者世帯が 0.1%、貧困の回答なし、その他の世帯が 3.4%、そのうち 29.0% が貧困です。

　2016 年度の貧困率は低下しました。「子ども食堂」が始まったことは良いことではあります。東京都練馬区のお寺では「ねりまこども食堂」の 2015 年 4 月から毎月 2 回午後 6 時から、大人 300 円、子ども無料で始まりました。板橋区「地域リビングプラスワン」は 2015 年 4 月から毎月第 4 水曜日夜、子ども無料。滋賀県 NPO 法人、社会福祉法人など 6 か所で子ども食堂開設。東京では「子ども食堂ネットワーク」設立（22 団体参加）。国の政策としては、2019 年までに「ひとり親家庭の子ども」が夕食をして勉強できる「居場所」を 50 万人分整備する方針を出していました。子ども食堂は、子どもと大人がつながるきっかけになり、子どもにとっても、成長を見守ってくれる大人と出会うことは大切です。経済的に苦しい家庭に対する支援として、図書館は「来館を待つのではなく、司書らが出向く訪問型が有効だと考える」（文部科学省社会教育課）。自然体験活動として、「少年自然の家」でカヌー、登山、キャンプ等を行うこともあります。独立行政法人・国立青少年教育振興機構は、26 都道府県でプログラムを実施し、未実施の 21 府県は 2020 年度から実施予定でした。自然体験が豊富なほど「今の自分が好きだ：自己肯定感」「友達が悪いことをしたらやめさせる：道徳感」を示す割合が高くなります。海辺の自然体験として、ブルーシー・アンド・グリーンランド財団は、子どもに自然体験をさせることが困難な理由として、経済な制約と「母親一人では子どもの安全を確保することが難しい」といった声があることを報告しています。子どもの貧困対策の多くは学習支援で、自然体験活動はあまり着目されていませんでした。冒険を通じて自信をつけさせることは、子どもの将来に大きな意味を持つのです。市役所、区役所、ハローワーク、警察、民生委員、家庭裁判所、児童相談所、医療機関、弁護士、スクールソーシャルワーカー（所属：教育委員会。資格：社会福祉士や精神保健福祉士。問題：自治体ごとのばらつきがある、不安定な雇用、権限がない、養成機関がない）等の支援が不可欠です。

　米国の公共図書館には、常時次のポスターが貼られています。「To the library once want to commit suicide：一度でも死にたいと思っ

たら、図書館へいらっしゃい」というものです。鎌倉市図書館はツイートとして「もうすぐ二学期。学校が始まるのが死ぬほどつらい子は、学校を休んで図書館へいらっしゃい。マンガもライトノベルもあるよ。一日いても誰も何も言わないよ。9月から学校へ行くくらいなら死んじゃおうと思ったら、逃げ場所に図書館も思い出してね」と述べ、このことは、当時大きな反響を与えました。2017年8月30日、上野動物園では「学校に行きたくないと思い悩んでいるみなさんへ。アメリカバグは敵から逃げる時は、一目散に水の中に飛び込みます。逃げる時には誰かの許可はいりません。脇目も振らず逃げてください。もし逃げ場所がなければ、動物園にいらっしゃい。人間社会なんぞに縛られないたくさんの生物があなたを待っていますから」と発表しています。

　内閣府「自殺対策白書」2015年版によれば、過去42年、18歳までの子どもの日付別自殺者数は4月8日95人、4月11日99人、8月31日92人、9月1日131人、9月2日94人です。新学期が始まる時に問題が生じていることは明らかです。

　いじめの認知件数について、2015年度の文科省「問題行動調査」によると、文科省22万4,540件（小学校15万1,190件、中学校5万2,971件、高校1万1,404件）。平成14年度より3万6,468件増加しています。加害者への「心の根っこ」には、「冷やかしや悪口、脅し文句、嫌なことを言われる」63.5％、「軽くぶつかられたり、遊ぶふりをしてたたかれたり、蹴られたりする」22.6％、「仲間はずれ、集団による無視」17.6％、「嫌なことや恥ずかしいこと、危険なことをさせられる」7.8％、「金品を隠される」6.6％。高校では「パソコンや携帯電話で誹謗・中傷」。いじめをした児童生徒への対応は、「担任や他の教職員が状況を聞く」91％、「担任や他の教職員が指導」66％、「保護者への報告」40％。いじめで見られる言い逃れとは、「遅かったり、うるさかったり、イラッとしてあいつのすることは全部嫌だった」「あいつ、うざくね？」などの文句です。このことは、クラス全体に広がりいじめにつながります。相手から「僕が嫌われる理由を知りたい」と本音を告げると、翌日から授業に出席しなくな

りました。「消えてほしいと思っていた彼が実際に休んだら、自分のやっていたことの間違いに初めて気が付いた」「自分の考えは言い逃れで、会わない相手でも合わせていくことが大切。当時、家族のことでストレスがあり、イライラしていた」。同じくねたみとは、「家族の仲がいいことを話されるのがすごく嫌だった。だからいじめた。両親が離婚して間もなかった。きょうだいとも仲が悪かった」「いじめを受けたことの仕返しもあった」「担任の先生からの注意も学年がかわるまでいじめは続いた」「でも、私の気持ちがわかる信頼できる先生がいたら、心が安定し、いじめをやめようと思ったかもしれない」。そして恐れとは、「嫌なあだ名で呼んだりするグループがいて、自分も時々、あだ名で彼を呼ぶなどしてグループに同調するふりをしていた」とのことです。そうしないと「自分もいついじめの対象になるかわからなかったから」と理由を明かしたものもいます。

　文部科学省 2019 年度「児童・生徒の問題行動・不登校等調査」（2020 年 11 月 22 日発表）によるといじめの内訳は小学校 2 万 2,782 件（同 2,627 件増）、中学校 5,114 件（同 453 件増）、高校 255 件（同 25 件増）、特別支援学校 94 件（同 34 件増）で、増加の要因は、特に SNS などインターネット上の誹謗・中傷です。暴力行為の内訳は小学校 6,944 件（同 774 件増）、中学校 3,143 件（同 134 件減）、高校 509 件（同 51 件減）となっています。この中で特に問題視しなければいけないのは、小学校での、対教師暴力の 873 件（同 272 件増）、生徒間暴力の 5,358 件（同 616 件増）です。その学校という場のただ中にある学校図書室の役割は大きいのです。図書室に生徒が集まり、喜びを分かち合う居場所にするには、司書教諭、学校司書だけでは足りません。校長を中心に教員、職員、PTA 全体で支援することです。一つの方法として、校長が図書室長を兼務することで、教職員、生徒の図書室に対する意識が間違いなく変わります。

【参考文献】
・「いじめ防止対策推進法」2013 年 6 月 28 日公布
・「児童・生徒の問題行動・不登校等調査」文部科学省 2020 年 11 月 22 日発表

📖『絶歌』問題と図書館の立場

　神戸連続児童殺傷事件が起き、図書の出版、購入や貸出等が問題になったという事件がありました。1997（平成9）年5月24日、「酒鬼薔薇聖斗（さかきばらせいと）」という名の犯行声明文のもと14歳の中学生が11歳男子と7歳女子を殺害しました。加害男性は、1997年入院、2004年仮退院後、溶接工、清掃員を経て、2014年無断で手記『絶歌』を出版して社会問題化しました。太田出版は「少年犯罪発生の背景の理解に役立つと確信している」として『絶歌』を出版しました。太田出版は『絶歌』の宣伝のために「少年Aについて知りたければ、この一冊を読めば事足りる」と記しています。少年院関係者は、「矯正教育には何の意味もなかった。できることは全部やった。もう、彼が罪を繰り返さないよう願うことしかできない」と述べています。被害者は、「この事件はあまりに特異で普遍的な問題にはなりえない。興味本位で読まれるのがつらい」、さらに「被害者に無断で出版された本の利益を被害者に回すのは、本来はおかしい。加害者が被害者をさらに苦しめる本を出すこと自体が許されず、表現の自由以前の問題だ」「被害者の平穏を乱す本は公費で購入しないという姿勢を、行政が示すことが重要だ」と述べています。週刊ポスト（小学館）は、少年時代の実名と顔写真を掲載しました。編集長は「彼は今年に入り事件の手記を発表しただけではなく、複数の週刊誌に、掲載を前提に手紙を送りつけた。ホームページを開設し、自ら情報発信を始めている。彼の氏名を含めたあらゆる行動は公衆の正当な関心の対象であり、評論材料になると考えた」。図書館側は、「利用者の知る権利は重要で、原則として制限すべきではない。ただ、異常かつ残酷な犯罪の手記は、出版自体が許される範囲を逸脱していると考えられ、図書館では慎重に検討する必要がある」としました。その後、加害男性は、「いろいろ思うところがあり、急遽ホームページを開設しました」「今後は、このホームページを基盤に情報発信していく所存です」と語っています。

　「加害男性からは、退院後、昨年までは命日前に手紙が届いていましたが、今年は代理人の元にも届いていないようです。3年前に加

害者男性が私たち被害者・遺族に何の断りも無く自分勝手な手記を出版しましたので、さすがにこのような状況で手紙を受け取ることについては非常に抵抗があり、一昨年、昨年は手紙の受け取りを断っています。しかし、私たちが手紙を受け取らないことと、加害男性が手紙をかかないということは別の問題だと思っています。手紙を書かないということは、事件と向き合うことを辞めるということだと思います。私たちの子供が加害男性に何故命を奪わなければいけなかったのか、という問題の解答を、事件後ずっと求め続けてきましたが、そのためにも、加害男性には事件と向き合い続けて欲しいと思います。……しかし、あすの会の殆どのメンバーは、あすの会の活動で得られた成果の恩恵を受けていません。事件当時、自分たちが抱いた悔しい気持ちを考え、次の被害者が自分たちと同じ思いをしないようにという思いで頑張ってきたことについては、誇りに思っております。犯罪被害者問題については、まだまだ課題が多く残っておりますが、これらのことについては、今後も私ができる範囲で訴えていきたいと思っています」と述べています。2018（平成30）年5月24日、被害者の父のものです。加害男性の両親は「被害者・遺族の方々には大変申し訳なく思っています。年月が流れるにつれて、怒り・悲しみ・憎悪が増していると思います。本人自身が私たちに会いたいと思う気持になるまで、待ち続けたいと思います。被害者・遺族に伝えたいことは、ただただ申し訳ないと思います。私たちは生きている限り、ご冥福を祈りながら償いをさせていただきたいと思っています。遺族に無断で手記を出版した時は、順序を間違えていると考えています。大変、心を傷つけてしまい申し訳ございません。本人と会って手記を出したことや事件の真相について聞きたい」と述べています。

　『絶歌』に対する図書館側の対応は以下のとおりです。購入するかしないか、また貸出するかしないかについて、「閲覧・貸出をしない」自治体16（岩手県、宮城県、福島県、茨城県、栃木県、埼玉県、千葉県、新潟県、長野県、静岡県、三重県、愛媛県、大分県、鹿児島県、神戸市、浜松市）。主な見解：遺族感情に配慮。文学賞受賞な

どの選定基準を満たさない。読み物として資料価値が低い。「閲覧か貸し出しをする」自治体 22（大阪府、山梨県、滋賀県、兵庫県、山口県、徳島県、香川県、高知県、福岡県、佐賀県、長崎県、神奈川県（3 冊のみ所蔵、18 歳以上閲覧可）、札幌市、川崎市、広島市、仙台市、千葉市、さいたま市、静岡市、新潟市、相模原市、横浜市（18 図書館で 3 冊所蔵、18 歳以上貸出可））。主な見解：知る権利に応えるのが役割。事件当事者の手記で資料的価値が高い。市民に賛否を判断してほしい。要は、各都道府県、市町村、日本図書館協会でも結論は出なかったのです。

「被害者学」の歴史と現状では、1958 年、被害者学（Victimologie）としてメンデルソーンが犯罪被害者論文を発表しました。1990 年には日本被害者学会、1993 年東京医科歯科大学「犯罪被害者相談室」が設置され、社会政策・刑事政策から被害者学を研究し始めました。米国の「サムの息子法」は、1977 年「犯罪加害者が自らの犯罪物語を出版・販売して利益を得ることを阻止する目的」で制定されました。出版社が「サムの息子」ことデビット・バーコウィッツに多額の報酬を提示して手記のオファーをした事件がきっかけです。アメリカ連邦法「VOCA」の 1984 年犯罪被害者法は、被害者への補償に関する法律で、さらに Office for Victims of Crime が制定されました。

少年法について事件関係者のコメントを列挙します。『絶歌』を出版された遺族からは、少年法の年令引き下げについて「年齢引き下げ望む、罪に見合う罰を」。神戸連続殺傷事件、土師守氏は「18 歳以上に選挙権があたえられる見通しである。責任ある行動を取れると国が認めた 18、19 歳が、少年法という堅牢な傘に守られているのは許せない」。「少年犯罪被害当事者の会」代表、武るり子氏「少年院の収容期間は短く、更生教育の効果は感じられない」、斉藤義房弁護士「年齢を引き下げると、矯正教育の機会が失われ、立ち直りを阻害する」。他の学者達は、引き下げた場合「18 歳から 22 歳の若年層については、少年院などと同様の教育的処遇を選択できる制度が必要である」（矯正教育の機会を奪う）、「選挙権年齢や民法の成人年齢などと少年法は別次元の問題だ」「18 歳から 19 歳の非行少年の行

動制御能力が十分に達していないことが、最近の研究で明らかになっている。残虐な行為に出るのは未成熟なことの表れであり、教育によって変わる可能性がある。18 歳から 19 歳は大人になる直前の不安定な時期で、まだ環境に左右されがちである」「矯正プログラムは、朝から夜までしっかり組まれ、自分の内面や罪に向き合わせるための厳しい教育が施されている」「刑務所も、監獄法が改正された 2005 年以降、多様なプログラムを導入したが、指導に当たる人員が少なく教育の機会が限定されている。18 歳から 19 歳を少年法から外せば、報道機関は実名で報じるようになるであろう。社会からの排除を推進することで、むしろ再犯のリスクを高めかねない」。戦前は適用年齢は 18 歳未満であったが、戦後、戦後改正され 20 歳未満になりました。1960 年代から 70 年代、法務省は、再三「年齢引き下げ」を検討しました。ドイツの刑事手続きは、18 歳から 23 歳を大人と少年の間の『中間層』と位置付けています。更正の可能性に配慮して教育的な処遇を選択できる仕組みになっているものです。世界被害者学会理事は、「当初、私は、更正を重視する少年法の保護主義に共感していた。しかし被害者の話を聞くうちに、少年法で自分は守られているという意識で事件を起こす少年が多くいることを知り、甘やかしては更正につながらないと感じるようになってきた」「刑務所でも、被害者の視点を取り入れた更正プログラムを導入するなどしており、刑務所だからといって更正の機会がなくなるわけではない」「被害者への配慮という観点からも、引き下げは必要だ。今でも 16 歳以上の少年が重大事件を起こした場合、原則として刑罰を科される仕組みになっているが、成人に比べて刑は軽い。同じ犯罪でも甘い処罰しかできない少年法は被害者に苦痛を強いてきた」「引き下げは厳罰化ではではなく、刑の適正化と考えるべきである」と述べています。

　2000 年に「全国犯罪被害者の会」(あすの会) が設立され、2018 年 6 月 3 日に解散しました。2001 年、刑事罰の対象年齢が 16 歳から 14 歳に引き下げられました。殺人など重大事件で少年審判の傍聴が可能になり、意見陳述、記録の閲覧も認められました。2004 年に

「犯罪被害者等基本法」成立。2007年に「被害者参加制度・損害賠償命令制度」成立。2008年に「犯罪被害者給付金支給法」改正。2008年に「少年法」が改正され被害者の審判傍聴が可能になりました。2010年には「殺人事件における公訴時効」が廃止されました。少年非行や再犯を防ぐ近道はありません。就労支援などを進め、社会の中に少年の「居場所」を作る必要があります。被害者は「犯罪被害者らの給付金制度の見直しや医療費などを含めた経済補償の問題、加害者による自らの犯罪に関する出版の規制や被害者の兄弟たちの問題、これらに加え少年法の問題、そして障害賠償裁判が確定した後も賠償金が支払われずに10年経過したときの再提訴の問題など、犯罪被害者に関わる改善すべき問題はまだまだ残っている」と述べています。そして「加害者の出版規制など改善すべき問題はまだまだ残っている」「被害者や遺族を苦しめている。精神に対する『傷害』だ。なぜ我が子が狙われたのか。なぜ彼は事件を起こしたのか」と述べています。関東医療少年院では、精神疾患が7割で、虐待を受けた少年も多いです。少子化や非行減少で、現在は14〜21歳の男女は20人います。多くの少年は1年ほどで社会に出ますが、5年以内に2割が院に戻ってしまいます。「更生は少年院だけでは完結できない。特効薬はなく、手探りを続けるしかない」。『絶歌』加害男性の場合は、入院当初「死刑にしてほしい」と繰り返しました。遺族の手記を書き写し、月命日に手を合わせました。「生涯をかけて償いたい」と。神戸の家裁判事は「別人のように成長し、社会の中で生きようとしている」と述べていたのです。

【参考文献】
・『絶歌』元少年A、太田出版、2015年
・「『絶歌』問題を機に図書館の自由について考え、行動しよう」図書館問題研究会、2015年7月7日

📖 障害のある方への図書館利用

　文科省が、障害者の「害」は、障害者の方に「害」があると誤解

してはならないので、障碍者、障がい者に変えることが好ましいと発表しました。大学の授業でこのことを聞いてみると、学生のうち5割は、「障害者」という漢字を避けていました。私は、決して反対する訳ではありませんが、「害」という漢字が障害者のことを指しているわけではないと考えています。私に言わせれば障害とは、健常者・障害者等の全てに対して、行政サービスの政策が不十分で生じる、我々に対する「害」によって幸せな生活を営むことができないとすれば、すべての人が「障害者」なのです。つまり、「障害者」という漢字は特定の人を指しているのではありません。その意味で、ここでは「障害者」を使います。

　私は、自分の大学図書館で二人の障害者（知的障害と精神障害）を雇った経験があります。のちに、障害者雇用義務についても触れますが、図書館でも業務によっては障害者の方にも十分に仕事があることを確認しました。ある知り合いの方から、「息子がいるのだが障害者です。もう30歳になるのですが、図書館では何かできることはありませんか」と言われました。すぐあと、子息とお会いしました。「1と2のどちらが先であるはわかりますが、AとBのどちらが先であるかが理解できませんでした」。1と2はわかりますので、NDCの英字の順番を教え、理解できれば「図書の配架」はできるのです。閲覧課スタッフと一緒に教え、最初は、スタッフと一緒に配架に出かけ、分からなかったら必ずほかのスタッフに聞くことを条件にしました。500万冊を超える図書館です。いつも配架の人数が少なく、学生アシスタント（塾生）を雇っておりますが、そこに加わってもらいました。休憩中は、いつも指で何かを数えています。仕事が終わって声をかけるし、挨拶はしませんがバックパックを背負って意気揚々と帰る姿が忘れられません。精神障害の方は、40歳を過ぎた女性です。大学が業務をコンピュータ化することで余剰人員がでました。三田キャンパスの「図書館でどうですか」という話でした。まさにリストラです。初めてお会いした時、鬱の人と分かりました。顔を上にあげることができません。三田の新図書館はオープンしたばかりで、人手不足でした。その方を受けるのであれば即

戦力にすることが私のミッションです。旧図書館閲覧担当にし、資料の貸出・返却そして配架をしてもらいました。問題なくできました。勿論、利用者からは、「変な人が旧図書館にいる」とすぐ話題になりました。私のところにクレームで来てくれる教員には、丁寧にお話をしました。100％理解してくれました。私の経験から、「周りが変われば、当人も変われる」という自負があります。

　障害者とは、視覚障害、聴覚障害、肢体不自由、内部障害（心臓等の内臓の機能障害）などによる身体障害（身体障害者福祉法第4条）と、統合失調症や躁うつ病による精神障害、発達期（おおむね18歳未満）までに生じた知的機能の障害による知的障害、2つ以上の障害が重複する重複障害があります。図書館にとっては、障害者だけではなく、高齢者の方で身体機能の低下等や、来館が困難な病人の方、外国人や非識字者の在留外国人、留学生等もその範疇です。

　図書館における具体的な取り組み方法として、以下のものがあります。① 図書館の規則・サービス等で不当な差別的取り扱いに当たるものがある場合、直ちに見直す。また利用者等から指摘を受けた場合も同様である。② 基礎的環境整備としてガイドラインに示されているものを計画的に整備・実施する。③ 利用者から図書館利用上の障壁を解消するように求められた場合、まずは合理的配慮の提供により利用を保障する。多数寄せられた場合はもちろんのこと1回の依頼でも、規則やサービスの整備を進める。④ 障害者からの相談に対応する職員を配置する。⑤ 障害者からの依頼と「合理的配慮」の提供に差異が生じた場合に備え、より専門的・総合的に判断・調整ができる職員を配置する。⑥ コミュニケーションを確保するため、手話・点字・外国語のできる職員の配置、拡大文字・筆談・実物の提示・身振りサイン等による合図・触覚による意思伝達等の方法の取得に努める。⑦ 障害ごとの特徴を知り、支援方法を習得する。⑧ 図書館を利用していない障害者や図書館のサービス・資料を知らない障害者のために、積極的なPRを行う。また、新たなサービスを展開し多くの障害者に使ってもらえる図書館にする。

　2010年度「障害者サービス実施館」調査では、全体で1998年

49.3%、2005 年 56.2%、2010 年 66.2%が障害者サービスを実施していると答えました。都道府県図書館では 95.2%、政令指定都市図書館 84.1%、市区立図書館 65.4%、町村立 55.4%です。各サービス内容は、障害者用資料の来館貸出 87.2%、対面朗読 39.3%、施設へのサービス 36.9%、設備としては、障害者用トイレ 84.5%、駐車場 68.5%、スロープ 66.5%です。2017 年度だと筆談準備 62.9%、代筆・代行検索 37.8%（していない 59.6%）、拡大読書器 53.7%（していない 30.9%）が現状です。

　国際連合の「障害者の権利に関する条約」の締結に向けた国内法制度整備の一環として、すべての国民が障害の有無によって分け隔てられることなく、相互に人格と個性を尊重し合いながら共生する社会の実現に向け、障害を理由とする差別の解消を推進することを目的として「障害者差別解消法」は 2013 年 6 月に制定され、2016 年 4 月 1 日より施行されました。ここで 2014 年の 1 月に批准された障害者権利条約に沿い「合理的配慮の不提供」を禁止しました。合理的配慮とは、① 車いす利用者の移動、例えば人が乗り物に乗る際の手助け、② 視覚に障害がある場合は、文章の読み上げや点字を活用、③ 聴覚障害者には筆談など、障害者の求めで過大な負担にならない範囲で行う変更や調整、以上です。改善しないと担当大臣が報告を求め、虚偽報告などに 20 万円以下の過料の罰則があります。「障害者差別解消法」の内容には、視覚障害者の読書支援を目的にした電子図書館導入があります。共通点は、バリアフリー等の施設整備、身体活動スペース、専門性を有する教員の配置、点字・手話・デジタル教材等のコミュニケーション手段の確保。これに各障害に応じた配慮も加わります。視覚障害には、拡大読書器、書見台の利用、音声信号、点字ブロックの安全設備の敷設。聴覚障害には、FM 式補聴器などの補聴環境の整備、教材用ビデオ等の字幕挿入。知的障害には、生活能力や職業能力を育むための生活訓練室や日常生活用具の確保。肢体不自由には、車いす・ストレッチャー等を使用できる施設設備の確保、障害の状態に応じた給食の提供。病弱・身体虚弱には、個別学習や情緒安定のための小部屋等の確保、入院、定期

受診等により授業に参加できなかった期間の学習内容の補完。言語障害には、スピーチについての配慮、情緒障害には、対人関係の状態に対する配慮が必要です。LD、ADHD、自閉症等の発達障害には、個別指導のためのコンピュータ、デジタル機材、小部屋等の確保です。

　視覚障害者の駅でのホーム転落事故を防ぐため、国は 1 日 10 万人以上の利用者がいる駅にホームドアーを設置する方針を決定しました。

　日本電子出版協会は、書店も図書館もないような地域こそ電子図書館が役に立つと述べています。地域自治体も、都道府県単位で電子図書館の設置を義務づけるとしています。日本電子図書館サービス（KADOKAWA、紀伊國屋書店、講談社）は、2015 年 4 月図書館の電子書籍導入を支援する事業を開始しました。図書館向けの電子書籍を講談社や KADOKAWA の新書等を著者の許可を得られたものから投入し、1 万までタイトルを増やす予定です。「メディアドゥ」と米企業「オーバードライブ」は業務提携（2015 年 4 月）をしました。「オーバードライブ」の全株式を、楽天が一般向け電子書籍を販売のため取得し、公共的な電子図書館事業の将来性を見越したものです。講談社をはじめとした国内出版社の作品の他に、ランダムハウスやハーパコリンズを始めとした海外作品 70 万以上のタイトルの中から選書することも可能になりました。アクセスビリティの向上には、電子図書館は、図書館が家から遠い方や移動が不自由な方でも、いつでも利用することが可能です。文字の拡大機能など、電子書籍ならではのアクセスビリティを備えており、「障害者差別解消法」への対応として行政が掲げる合理的配慮につながるのです。図書館に足を運びにくい方々（育児中の方から高齢者まで）にも簡単に利用が可能になります。効率的な運用と膨大なスペースの確保により、利用者が借りた本は、期限が来ると自動的に返却されるようになり、書架の代わりに読書室や地域の人が集まるスペースを生み出すコミュニティを推進することが可能になります。障害者の読書の技術支援、マルチメディア DAISY による紙の書類を電子化するこ

とも可能です。「リーディングトラッカー（キハラ）」とは、長さ約20センチの定規で、中央に半透明の色付きフィルムが入っていて、文章が浮き出ることでより、読んでいる行に集中できる。図書館や学校でも、障害のある子もそうでない子も、同じ本を読んで感想を言い合うなど、読書を通じて交流を深められるようになることが理想と考えます。

　障害者雇用義務については、従業員50人以上の民間企業に、従業員全体の2%（法定雇用率）です。対象は週20時間以上就労できる人。企業で働く障害者2016年約47万4,000人、法的雇用率を達成している企業は48.8%、2018年4月1日2.2%に、そして2021年3月までに2.3%になります。その理由は、身体障害者、知的障害者だけだが、来年から統合失調症、精神障害者が加わります。2018年4月1日国、地方自治体、独立行政法人2.5%（0.1増）に、都道府県2.4%（0.1増）です。ソフトバンクの「ショートタイムワーク制度」では、週20時間の就労でも構いません。現在20人のスタッフがアルバイトで週1〜2日、翻訳や書類整理に従事しており、自閉症と注意欠陥・多動性障害（ADHD）の男性が、週2日文書整理をしています。「仕事を喜んでもらえ、人に認められ、やりがいがある」と述べています。兵庫県明石市の助成制度では、障害者が利用しやすい設備、物品に事業者や団体に、最大20万円の助成制度を設け、2016年度には、150件の250万円の助成申請がありました。中央省庁による障害者雇用の水増し、障害者問題で、厚生労働省は、障害者の法定雇用率（2.5%）を下回っていました。国の28行政機関の全てで、法定雇用率を2018度中に満たす見通しとはなりました。法定雇用率を満たしていなかった国土交通省や財務省などの28機関で緊急雇用として計約4,000人を採用しました。法の周知も趣旨も社会に浸透していません。自治体で合理的配慮に積極的に取り組んでいるところは一部です。差別解消への取り組みのための地域の協議会等の設置や職員の対応のために定めた要領や整備も低調です。これらは努力義務のため、法的拘束力を強める必要があります。法施行から3年で見直しがありますが、形式的ではなく、効力のある

法律にしていく必要があります。

　盲導犬利用者への調査結果で、「障害に対する人々の理解に変化があった」と感じている人は3割以下でした。2013年以降、5月22日「ほじょ犬の日」に、毎年「身体障害者補助犬を推進する議員の会」を開催しています。現在、実働頭数補助犬1,109頭（盲導犬966頭、介助犬70頭、聴導犬73頭）です。介助犬では、2009年5月介助犬総合訓練センター（シンシアの丘）を、日本介助犬協会が運営しています。手足などに障害を持つ人を助けるために訓練を積んだ犬で、盲導犬、聴導犬と共に補助犬として認定されました。「身体障害者補助犬法」が成立され、不特定多数が利用する施設で介助犬の同伴を拒んではならないと定められました。「介助犬」と記されたケープ（胴着）をつけた犬は、なでたりせずに見守ることが必要です。介助犬と使用者は全国にまだ70ペア。1頭の育成に240万円以上の資金が必要です。

　日本における障害学生数は2006年4,937人、2016年2万7,257人。大学専門部門2012年度90校、2016年度196校（16.7%）。筑波大学の「障害科学類」では、専門部署を① 視覚、② 聴覚、③ 運動内部（肢体）、④ 発達に分けています。しかし、障害学生への適切な支援を行うには専門的な知識をもったスタッフの確保が欠かせないのです。例えば、筑波大学では学生のボランティアが215人、一方の障害学生数は111人です。電気通信大学「障害学生支援室」は、障害学生1人につき23人の支援が必要としています。文部科学省「障害学生への支援の方向性」は、施設のバリアフリー化、専門部署・機関の設置、相談窓口の設置、カウンセラー・手話通訳の配置が必要としています。全国高等教育障害学生支援協議会では、「大学の態勢はまだ十分ではないが、支援は徐々に広がっている。今後は、障害学生の就職支援なども重要」としています。特別支援学校では、知的障害や視覚障害、聴覚障害、肢体不自由などを抱える人が、幼稚園や小中学校、高校に準じた教育を受け、自立に必要な知識技能を習得します。国公私立を合わせて、全国に1,125校。ですが、進学という選択肢がほぼありません。特別支援学校高等部では、就労を

強く意識した教育内容にならざるを得ません。青年期の発達に大切な教育が十分でなく、卒業してすぐ就職した若者たちの離職率の高さにつながっているようです。アメリカ、オーストラリア、韓国では、知的障害者にも大学の門戸を開く動きが広がっています（図3-1）。社会に出る前に様々な体験を通じて自分がやりたいことを考え、仲間と悩みながら成長していく時間が必要です。知的障害者の「学ぶ権利」の観点からも、進路選択の幅が広がる意味は大きいです。今後は、日本の大学で、「学べる課程」を作る議論を求めたいところです。

　文部科学省は、インクルーシブ教育推進の一環として特別教育の充実を謳っていますが、それは世界の潮流に逆行しています。1992年特別支援教育をイタリアは全廃。これにカナダ、米国が追随しました。特別支援教育という発想自体が障害児を社会から分離する性格を持っています。背景には、健常者だけを集めた同質的な集団の中で切磋琢磨しあってこそ個々人の能力は最大限に発揮されるという価値観があります。職場に異質な障害者が混じると仕事の効率が

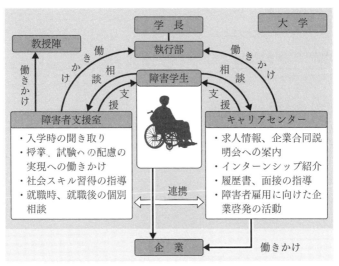

図3-1　米国の大学における障害者就職支援

落ちるから、できるだけその人数を減らしたい。その本音が障害者を雇用したふりだけをしてごまかす結果に繋がったのではないでしょうか。障害児は特別支援教育の環境で、健常児は一般教室で学ばせる。であれば、健常児は従来通り同質性の高い集団の中で競いあいつつ学力を伸ばせるし、障害児も障害教育を専門とするスタッフのきめ細かな指導を受けられる。こうして「個性に合わせた柔軟な教育」に導くのが「インクルーシブ教育」だと言うのですが、確かに障害者と健常者が共に学べば混乱もあるかもしれません。しかし互いに自分にないものに気づくことが、競争に駆り立てられることもあります。健常者と障害児を分離する方法はそうした可能性を奪いかねません。共生とは我慢のしあいではない。異なる者同士が出会えば様々な化学反応が起こって豊かな結果がきっと得られるはずです。そのことを信じて運用するかどうかで、同じ「インクルーシブ」の名で呼ばれていても全く異質の教育になります。

【参考文献】

・「障害を理由と差別の解消の推進に関する法律」（障害者差別解消法）2013年6月制定、2016年4月施行

📖 専門図書館としての刑務所図書館

　日本の刑務所の所管は法務省矯正局で、矯正施設の調査研究や矯正職員への研修等を行っていますが、再犯罪率は、2016年度に48.7%（前年0.7増）、2019年度に48.8%（前年0.1増）と増加しています。5年以内に刑務所に戻ってしまうのです。犯罪別では、覚せい剤49.4%、窃盗45.7%、傷害・暴行36.1%、強姦・強制わいせつ24.1%、殺人10.3%です。平成31年1月〜8月入刑務所495,448人（内訳351,137人、70%が窃盗）です。刑事施設は75で、刑務所60、少年刑務所8、拘置所7です。1908（明治41）年に監獄法が成立しましたが、2004（平成16）年、看守が受刑者を殺害（名古屋刑務所）したことが明るみに出て、2005年「刑事施設及び受刑者の処遇等に関する法律」が成立しました。① 刑務所の透明化、② 受刑者

の人権尊重、③ 矯正教育の質的向上が目的です。刑務所の読書活動の重要性は、① 余暇活動、② 教育的意義（最終的な受刑者の社会復帰）、③ 情報を求める意欲（一般社会より高い）点です。現状では、図書の利用は 13 か所程度です。刑務所建築準則 56 条には、図書室設置（時代遅れの閉架式）が求められています。「官本」は、刑務所図書室備え付けですが新鮮度に欠けています。貸出まで 1〜2 か月、期間 1 か月、冊数 3 冊まで。「私本」の検閲には入手に 1〜2 か月必要で、その内容からは、自殺関連、性的描写、暴力団関係、反社会的等は排除されます。勿論、司書はいません。公共図書館の司書を配置する必要性があると考えています。1994 年の小説を基に映画化された「ショーシャンクの空」のなかにとても興味深い刑務所図書室の設置があります。また、図書室担当の受刑者が存在するというなかで、過酷な刑務所の中にあっても、情報・知識・教養・文化等に対する欲望は果てしないことを感じさせました。

　カナダの刑務所図書館では、連邦刑務所 68、州刑務所 153 があり、司書（30.5％：うち 22％は学位）がいて、受刑者が図書室で働いています（83％）。刑務所の全体の蔵書は、図書は（100％：小説、法律図書、一般書、ノンフィクション）、新聞は（81％）、雑誌は（81％）、ビデオ、CD は（20％）置かれており、購入希望サービスは 100％です。図書の検閲は、性的描写、侮辱的表現、武器制作、犯罪の手口、地図等は許可されていません。インターネット（ファイアーウォールの配慮）の利用が可能で、受刑者にも選挙権もあります。

　米国には、BPI バード大学（ニューヨーク州）があります。受刑者向け大学教育プログラムは、日本の刑務所では職業訓練、薬物指導が主であるが、職業訓練は特定の仕事の準備になるが、仕事がなくなると役に立ちません。その点、米国の刑務所の教養教育は予想しない事態に直面した時の準備につながる教育です。刑務所で教育を受けたことにより受刑者同士のネットワークができ、教育により難しい問題を克服したという自信がもてます。出所後の学業継続や就職も支援しています。コロンビア大学、エール大学などの名門大学院にも進んでいる人も珍しくないのです。卒業生のネットワーク

図3-2　ニューヨーク州刑務所での討論会（左側が Bard Debate Team）
［Bard Debate Team］

を通じて職を得て、多くの人が故郷でホームレスや非行、エイズウ
イルスなどの問題に取り組んでいます。経験を生かし、最も支援の
必要な人を助けています。服役中から自立の準備をできることが再
犯防止につながっていると考えています。「受刑者は最低の中の最低
で社会に拒絶されている」と感じるが、学んでいる間は学生になれ
るのです。インターネットが使えないため、書物をめくり、手書き
の繰り返しです。「コピペ」はできないから、とにかく頭を使いま
す。規定通りのことを繰り返す職業訓練ではなく、教養訓練によっ
て人は変化し成長するのです。

　2015年9月、大学対抗討論対決が行われました。場所はニュー
ヨーク州刑務所。ハーバード大学チーム3名（図3-2右側）とバー
ド・プリズン・イニシアティブ・チーム3名（左側）でディベート
が行われました。テーマは「米国の公立大学は不法滞在の生徒の入
学を拒否できるようにすべきだ」。受刑者チームの主張は「過密と資
金不足の落ちこぼれ工場になった学校が不法滞在の生徒を拒否でき
れば、NPOや資金力のある学校が参入し、より良い指導ができるよ
うになる」。受刑者チームが勝利し「刑務所内の教育の力を示した
かった」と述べています。ハーバードチームも「驚くほど賢く、理

路整然としており、負けたことを誇りに思う数少ない相手」と称賛しました。BPI 開発部長は「論理的思考や分析力がつき、新たな考え方によって人生が転換する。受刑者も機会が与えられればトップレベルの学生と同じ能力を発揮できる」「学問を通して、常に「なぜ？」と論理的に考えられるようになった」「逃げる代わりに答えを見だせるようになる」「犯罪者のレッテルを貼られると再出発が難しい。学位という能力を示す証明がある」「過去だけでなく、現在に目を向けるきっかけになるのではないか」「大学教育を受けて分析的に考えるようになった。学ぶ意味と楽しさを初めて知った」と述べています。これらの支えは、図書室と図書館員です。BPI バード大学（ニューヨーク州）の学位も取得できます。年間 250 万ドル（約 3 億円）の費用は、民間の寄付です。ニューヨーク州 6 か所の刑務所で、一般学生と同様な内容を無料で提供しています。面接と作文で選ばれた約 300 人がリベラルアーツ教養教育をうけています。哲学、数学等です。卒業生 390 人、3 年以内に収監された人は 2％以下です。ニューヨーク州全体の再収監率は 40％。BPI の「再犯防止効果」がデータで裏付けられています。サンクエンテイン刑務所（サンフランシスコ、3,500 人収容）では 1 割が「刑務所大学プロジェクト」で学んでいます。所定の単位を取得すると、パッテン大学（サンフランシスコ）の準学士を取得できます。「学ぶことで自信と希望を得ている。誰よりも熱心だ」「数学から誤りを正すことを学んだ」という声もあります米国の受刑者は約 220 万人。連邦刑務所の運営費用は、司法省予算の 270 億ドルの 3 分の 1。米国の人口は世界の 5％以下です。それでも、1990 年代には連邦政府による、受刑者の大学奨学金を廃止しました。「善良な市民が進学に苦労しているのに、なぜ受刑者が無料で教育を受けられるのか」との批判が根強いのです。BPI 教育プログラムに参加した受刑者は、3 年以内で一般の受刑者が刑務所に戻る確率よりも 43％少ないです。「教育が転機となり、職を得て社会復帰する可能性が高まる。生産性のある市民を生み、費用対効果も大きい」のです。

　2016 年の日本の刑法犯の検挙者は 22 万 6,376 人（再犯者 11 万 306

人）と戦後最小でした。しかし「協力雇用主」企業経営者登録数は、1万8,555人、採用者774人（4%）。新入所者の無職の割合65.1%、再犯者の無職の割合72.9%です。出所しても仕事がなく、「出所しても仕事が見つからず、人生が嫌になった。生活に困り、寝床と3食付きの刑務所に戻るのもいいかと思った」。法務省幹部は「受刑者は出所しても家族や友人に見放され、経済的に苦境に陥って再犯を起こしやすい。仕事の巡り合えるかが、その後の人生を左右する」としています。建築会社に入社したものは、「誰よりも早く出社して仕事に励んでいる。生活が安定し、心にゆとりが生まれた。二度と犯罪は起こさない」と言っています。ですが雇用を控える企業は、「企業の多くは、受刑者はトラブルを起こしやすいと考え、雇用を控える」、法務省職員は「サービス業は、客とのトラブルのリスクを恐れ、雇用を控える。雇用は比較的短時間の仕事が多い建設業や土木業などが半数を占める」と言います。英国等海外では、社会貢献を目的に、ソーシャルファーム（社会的企業）を設立（一般社員と同じ待遇）し、税制面での国の優遇があります。日本でも、ソーシャルファームジャパンを進めるためには、元受刑者を雇用する企業について、国の財政支援を行うなどの対策を検討すべきです。

　日本の刑務所の問題点は、この図書館をめぐる教育からも分かる通り「矯正の内容」による再生と「受入先」の保証です。

【参考文献】

・『アメリカの刑務所図書館』ウィリアム・J・コイル著、中根憲一訳、日本図書館協会、1994年
・「討論でハーバード大生に勝った、受刑者、反響に驚く」ウォール・ストリート・ジャーナル日本版、2015年10月11日

📖 認知症と図書館の役割

　2017年度、内閣府「高齢社会白書」によると、2016年人口1億2,693万人、65歳以上3,460万人、15〜64歳7,656万人、0〜14歳1,578万人です。2060年人口9,284万人、65歳以上3,540万人、15

〜64 歳 4,793 万人、0〜14 歳 951 万人になると予想されました。課題としては、医療や介護の負担が増えること、人手不足で経済にも影響すること。一方、対策としては、働く高齢者や女性を増やすこと、子どもを産み育てやすくすることです。2018 年時点では、行方不明者は 8 万 7,962 人（うち、認知症 19.2％）いて、そのうち認知症で行方不明が、男性 9,274 人（54.8％）、女性 7,653 人（45.2％）でした。府県別にみると、大阪 2,117 人、埼玉 1,782 人、兵庫 1,585 人、愛知 1,422 人、神奈川 1,280 人。所在確認ができるのは、当日 73.4％、2〜7 日 26.0％、7 日以内 99.3％、死亡 508 人でした。

　少子化とは何か。日本では、1990 年代から、社会への影響が問題視されてきました。少子化の現状では、一人の女性が生涯に平均何人の子どもを産むかという出生率が 1970 年 2.13 人、2019 年現在 1.36 人です。高齢化については、65 歳以上が人口に占める割合（高齢化率）が 27.3％です。フランス、ドイツは 20％前後です。今後、働く世代が減れば、企業は人手不足になり、生産活動が滞ります。消費が活発な若い世代が減れば、売り上げも落ちてきます。介護や医療、年金など、社会保障の費用は働く世代が負担する税金や保険料で大半をまかなっているため、支え手が減ると大変なことになります。どうすればいいのでしょうか。子どもを持つか持たないは個人の自由だが、望んでも持てない人も増えています。経済的に不安定（リーマン・ショック等）な非正規雇用が増えたことや、長時間労働で仕事と子育ての両立が難しいことが背景にあります。子育てしながら働ける職場が増えれば、女性が活躍しやすくなります。高齢者もできるだけ長く働き、社会保障を支える側に回ってもらうことが必要です。そのため、生き方に合わせて多様な働き方ができる仕組みを作ることも求められます。

　公共図書館のサービスは、すべての人々の情報、余暇活動のニーズに応えることにあります。しかし、多くの公共図書館では、認知症の人に対するサービス提供をしていません。米国の精神科医ロバート・バトラーによって提唱された心理療法は、基本的には高齢者が対象です。人生の歴史や思い出に対して、聞き手が受容的・共

感的に関わり、認知症の予防や進行を抑制する効果が見込まれます。大部分の公共図書館は、認知症の人に特別なサービスを提供していません。日本の司書は、介護する専門家の輪にも参加していない人が多いです。認知症については、身体的なケアに重点が置かれているケースが多いが、記憶への刺激も重要です。読み物や音楽は、喜びや楽しみに役立つので、情報資源を持っている図書館のサービスは、非常に効果的です。特に図書館の資料は、読みやすく、わかりやすい資料、大きく、はっきりしたイラスト、古い写真のある図書を提供するとより効果的です。また、朗読用の本、エッセイ、おとぎ話、短編小説、昔から知られている韻を踏んだ詩、郷土資料等もそうです。さらに、音楽（歌や踊り）、静かな音楽を聴くこと、瞑想的な音楽やクラシック音楽等もあてはまります。郷土史や自然についての古い映画も効果があります。

　デンマークの公共図書館におけるサービスでは、回想法（回想とは記憶を呼び起こすこと）を行っています。昔のことを思い出し、そのことが会話を始めるきっかけとなるのです。脳に刺激を与えて、認知症の予防や進行の抑制につながる心理療法です。認知症の人が抱く不安の軽減やコミュニケーションの改善にも効果があります。それには、写真や道具を活用することが多いです。記憶を呼び起こすことにより、個人のアイデンティティが強化され、その結果として生活の質が向上します。

　デンマークの作家、トーヴェ・ディトレウセンは、「子ども時代のとおりに、記憶を通して自分の核に戻ることができるということが、今日以上に重要であった時はない。なぜならば、今のように忙しく日々が過ぎていってしまう時代に、人の記憶は、しばしば喜びや安心、帰属しているという感覚を、他の何ものより提供してくれるのである」と述べています。

　イギリスのノーフォーク・アンド・ノリッチ・ミレニアム図書館では、回想法として、イギリスのパブに関する回想法のための、キット、ティーポット、ティーカップ、スコーンやケーキのレシピ、昔のカフェの写真、図書、音楽、雑誌、新聞などを集めた約 150 の回

想法キットを提供しています。図書館での回想法（Reminiscence work）とは、司書が介護者や親類縁者と密接に連携して、課題に取り組むことです。

　デンマークではゲントフテ公共図書館で、司書が認知症の過去の出来事や感覚を呼び起こす思いで袋を制作して、例えば「学校」をテーマにして、「日曜日の野外活動」を回想するためのプロジェクトとして、10個の思い出袋を作成し、主婦、学校生活、針仕事、王室、本、映画、音楽等が用意されました。

　リュングビュー・トーベック公共図書館では、地域の住民に関する話を集めています。数人の高齢者にインタビューし、それらの話を2冊の本にまとめました。市では、老人ホームに1930・1940年代の家庭的な居間と1950年代の食堂を復元しています。

　川崎市立の図書館では、最初は「同じ質問を繰り返す人、毎回貸し出しカードを作らせる人」が認知症の方のなかにいらして、その人には、冷たい対応をしていたようですが、司書たちが認知症の研修会に出席するようになって、「これからもどうぞ利用してください」と丁寧な対応に変わりました。認知症の本をそろえた書架を作り、そこには地域の病院や患者会の資料も並べました。今では、職員30人が認知症の講座に参加しています。愛知県田原市図書館では、高齢者関連施設に、懐かしい風景の写真集や紙芝居、童謡、歌謡曲のCD等の貸し出しをしています。司書らが本などの資料や、洗濯板やそろばんといった昔の生活用品をもって訪問し、傾けるとザーッと雨や波に似た音がする筒状の「民族楽器」を使って、梅雨の時期や夏の海の思い出を語り合うことができるようにしました。大和市立図書館では、回想は、昔の思い出を語り合うことで脳を活性化し、認知症の症状の抑制にも効果を期待されていて、DVDは過去の新聞記事や写真、ニュース映像で構成されています。図書館の認知症支援講座では、「認知症でも、周りが関わり方を工夫すれば、これまでと同じお気に入りの場所で、混乱せず自分らしく過ごすことができる。身近な図書館での支援は大切だ」「認知症の方にやさしい図書館作りが根付けば、地域社会への影響も大きい。図書館員や

認知症の専門家と連携し、日本での実践への指針を作りたい」と述べられています。司書が認知症の人に図書館サービスを提供し、成功するには、家族と介護者の協力を得ることも重要なのです。

　認知症の方とのコミュニケーションとは、アイコンタクトをとること、話をする前にこちらに注意を向かせること、はっきりとゆっくり話すこと、認知症の人のボデーランゲージにも注意を払うこと、簡単な言葉を使うこと、簡単な質問をすること、創意に富む聞き手になること、十分な回答時間を与えてあげること、会話には、気候など日常的な話題を取り入れることとされています。コミュニケーションの取り方として、次のこともあげられています。「話す」は、① 否定・命令は NG、② 低めのトーン、③ ゆっくり話す。「見る」は、① 20 センチ以内で話す、② 正面から、③ 長く話す（0.5 秒以上）。「触れる」は、① 離陸・着陸、② つかまない、③ 腕・肩・背中から。「環境」は、① 能力を失わせない仕組み、② 見た目でいい刺激（住まいの形、古い家具、昔のなつかしさ、懐かしのメロディー）を脳に快適さを与える。「他人・図書館員・医師への伝え方」は、① 個人史、② 病歴、③ 訴え、④ 症状、⑤ 飲酒歴、⑥ 薬品です。

　『認知症の人のための図書館サービスガイドライン：Guidelines for Library Service to Persons with Dementia』（ヘレ・アレンドルップ・モーテンセン、ギッダ・スカット・ニールセン著、2007 年、スウェーデン）が発表されました。「認知症の人に関わることは、確かに困難で、特別な洞察力と知識とが必要とされる。しかし、そのような努力の結果、認知症の人が身体と精神の両方に刺激を受けたという兆候を明らかに示したとき、大きな喜びを感じるのである」とのことです

　認知症数は、世界全体で 2010 年 2,400 万人、2040 年には 8,100 万人になるとされています。80 歳以上の 5 人に 1 人にその影響を及ぶのです。日本では、認知症者数が 2012 年 462 万人、2025 年には 700 万人と言われています。とても大事なことは、家族が認知症であることを隠したがる意識をなくすことです。認知症の人にやさしい街づくりは、それぞれの地域事情に合わせて行うべきです。自分たち

の地域に必要なことが何かを話し合い先進地域の優れた取り組みの中から、使える部分を取り入れることが重要です。介護や福祉の専門家とチームを組んで本人と家族の生活を支えていく姿勢が求められています。認知症では理解や判断に時間がかかるので、説明を受けても十分に理解できず、自分にイライラします。結果、相手に対して怒り出すのです。わからない時に不安でイライラするのは、正常心理なのです。「認知症だから」ではなくて「人間だから」怒っているという意識が必要です。認知症の人が持つ健常な心の動きを理解することです。厚生労働省は、認知症施策推進総合戦略（新オレンジプラン）によって「推進会議など行政の関連機関で、当事者による相談窓口を初めて設ける」を始めました。2006年「認知症の人と家族の会」（本部・京都市）では、「昔は、介護は『嫁の務め』と言われ、家族が大勢いる中で嫁が担っていた。近年は他に家族もなく、本当にたった一人で介護する人が増えてきた」「親子関係が良好なほど、手を上げてしまうことが起こりうる。尊敬するあまり自分で介護をやり抜こうとし、気づかないうちに限界を超える。自分で介護することだけが親孝行ではない。技術をもったスタッフのいる施設のほうが快適ではないか、と考えることも大切」と述べています。

　2014年10月「日本認知症ワーキンググループ」、2017年4月仙台市「おれんじドア」、2017年6月17日名古屋市西区「おれんじドア」などが、認知症になってもできることはある、勇気を持って外出すれば、楽しく過ごせることを知ってほしいと述べており、症状深刻化の前にどんな介護をするかを話し合っておくことが必要です。また、「家族でやる」と思い込まず、必要に応じ介護スタッフを頼ること、情報収集も必要です。まず地域包括支援センターを訪ね、外部とつながることです。認知症率は、2000年11.6%、2012年8.8%。認知症にならない率は、2000年11.8%、2012年12.7%。認知症にならない理由は、①教育を受けた期間が長い、②健康に対する知識、③正しい知識を得ることがあげられます。認知症の原因は、①アルツハイマー型（高齢化）70%、②脳血管認知症（脳の血管の病気に

より酸素が送れない）20％、③ その他 10％。血管の老化予防には、① 魚中心（塩分、たばこ減らす）、② 歯周病に注意、③ 新薬です。

　認知症増に揺れるオランダの安楽死については、近年のオランダの安楽死法において、① 患者が自発的に要望している、② 耐えられない苦痛があり回復の見込みもない、③ 他の医師も安楽死が妥当としている、④ 医師が患者に執行を知らせることを条件に安楽死が認められています。オランダの安楽死（2018 年）では、15 万 3,363 人の死亡者、6,126 人（3.9％）が安楽死を選びました。認知症を患っている人は 146 人（2.3％）でした。

　世界各国の安楽死の状況は、容認している国は、オランダ、ベルギー、ルクセンブルク、カナダなど。自殺ほう助容認は、スイス、米コロラド州、ワシントン州など。容認せずなのは、日本など。消極的安楽死（尊厳死）は、英国、ドイツ、フランスなど。父と叔母が認知症になってから亡くなったオランダ女性は「生きる希望を感じられなくなった時、自分で死を決断する権利がある」と訴えています。

　認知症からの回復した事実として、軽度認知障害（MCI：Mild Cognitive Impairment）のように記憶力や注意力などの認知機能は低下しているが、日常生活には大きな支障が出ていない、認知症と正常の中間の状態を示しています。国の推計（2012 年）では、認知症高齢者は 462 万人、MCI は 400 万人です。大府市は、4,200 人について 2011〜2015 年まで調査を行いました。その結果、MCI 740 人（18％）のうち、MCI の 46％が正常範囲に戻っていました。検査は、① 記憶力、② 注意力、③ 処理速度、④ 実行機能です。センター研究部長は「高齢者でも認知機能が下がる一方とは限らない。今回の回復率の高さは海外の研究から見ても想定の範囲内だが、認知症予防を目的にした運動教室を開くなど、大府が高齢者の健康啓発に熱心なことが影響した可能性がある。認知症リスクを下げると言われる生活習慣病対策などの行動改善を心がけてほしい」と述べています。認知機能が MCI から戻る確率は、海外の先行研究では 10〜50％まで様々です。食事のバランスが良く、活動的で運動習慣のある人

の方がリスクを減らせる可能性が高く、最近の調査では MCI から改善する人が多いとのことです。現時点では、一度判定されても悲観せず、前向きに健康的な暮らしを心がけることが重要です。2014 年度調査では若年性認知症発症 1,411 人で、定年前自ら退職 996 人（71％）、解雇された 119 人（8％）、就労中 161 人（11％）、定年退職 86 人（7％）、休職中 49 人（3％）です。

【参考文献】
・『認知症の人のための図書館サービスガイドライン：Guidelines for Library Service to Persons with Dementia』ヘレ・アレンドルップ・モーテンセン、ギッダ・スカット・ニールセン著、日本障害者リハビリテーション協会翻訳、高島涼子日本語監訳、2007 年
・「認知症にやさしい図書館の取り組みの伸展」谷川良博他、広島都市学園大学雑誌：健康と人間、2020 年 6 月 30 日
・「超高齢社会と図書館：生きがいづくりから認知症支援まで」（図書館調査研究レポート No.16.）国立国会図書館関西館図書館協力課編、69 巻第 4 号、2017 年

📖 公共図書館のビジネス支援

　地域産業支援の実際として、実業図書室、ビジネス支援サービスがあります。地域産業支援サービスの具体例として、次のことがあげられます。① 経営管理や経済動向など、産業・経済動向に関する専門的な図書・雑誌の充実。② 新聞記事データベース、経済情報、人物・会社情報などのデータベース提供。③ 先進事例の情報収集や紹介、現地視察などのコーディネート。④ 経営・企業相談、融資相談のための窓口設置や相談会の実施。⑤ 県・市町村関連各課、商工会議所、専門機関などとの連携、およびビジネス情報の提供。⑥ 先進事例、キーパーソンによる講演会・研修会の実施。⑦ 物産展、実演会など、地元産業の振興イベントの会場提供。⑧ 商品・サービスの企画立案、広告・プロモーションに役立つ、芸術、文学系を含めた多様な資料の提供とパスファインダーの提供。

　文科省の生涯学習政策局社会教育課が、図書館の問題解決課題と

して次のことをあげました。新たな地域の課題解決のための「ビジネス支援」です。なぜ、公共図書館がビジネス支援をすべきかの理由は、日本における、① 国際競争力の低下、② キャッチアップ経済からフロントランナー経済、③ ベンチャーの経済化が挙げられます。ビジネス支援サービスの動向として重要なのは、① ビジネス支援図書館推進協議会、②「骨太の方針 2003 年」、③ ビジネス支援図書館の動向です。日本経済の国際競争力についてのランキング（IMD 経営開発国際研究所）では、日本の順位は 1991〜93 年 1 位、1994 年 2 位、1995〜96 年 4 位、1997 年 17 位、1998 年 20 位、1999〜2000 年 24 位、2001 年 26 位、2002 年 30 位……2009 年 8 位、2010 年 6 位、2011 年 9 位、2012 年 10 位、2013 年 9 位、2014 年 6 位、2015 年 6 位、2016 年 8 位、2017 年 9 位となっています。

　2017 年では 1 位スイス、2 位アメリカ、3 位シンガポール、4 位オランダ、5 位ドイツ、6 位香港、7 位スウェーデン、8 位英国、9 位日本。企業の成功モデルが変わるなかで、キャッチアップ経済における中小企業の「成功モデル」は下請け型中小企業になっていましたが、これからのフロントランナー経済における現在の中小企業の「成功モデル」を自立型企業にしなければならないのです。自立型企業とは、独自の技術、サービス、商品等を持つベンチャー・中小企業をいいます。自社の差別化のために経営資源を集中して投入することです。外部経営資源（知恵、経験）を活用する異業種交流、産学官連携、新たな連携スタイルに積極的で、自社の開発の速度と質的向上をめざすことです。

　技術変化が加速して、デジタル産業革命、ICT をはじめデジタル技術の進展を中心に産業革命的な急速な変化が続いています。モジュール化が、複雑な製品が独立した小モジュールに分割され、ベンチャー企業や創業起業を含めモジュール単位で技術開発が競われて発展速度が急速に早まりました。典型 PC から、経営環境の変化により、研究開発部門縮小、変化のスピードアップで製本寿命の短命化、開発技術者の製品改良、機能向上に追われ革新的な新製品開発ができない状況にあります。大企業の研究開発は、証券市場にお

ける情報公開、株主への利益還元等、上場企業が長期的リスクの高い研究開発を行うことが困難になりました。そのことで、研究開発担い手が、スピンオフベンチャーとして大企業が担えない革新的な新商品が、研究開発の中断によりスピンオフしたベンチャーに VC が出資して起業しています。大企業もスピンオフベンチャー敵対から連携に変化しています。大学発ベンチャーとして、大学や公的研究機関の技術をベースにしたベンチャーが徐々に伸びています。

　ビジネス支援図書館協議会は、ニューヨーク公共図書館（SIBL）をきっかけに日本の図書館界でも関心が高まり、2000 年 12 月に創立されました。会員数は個人会員約 150 名、年会費 3,000 円。平成13 年度事業第 1 回ビジネスライブラリアン講習会 7 月静岡。「図書館員も職員も実際の相談に応じながら成長していく。起業などを考える人は、図書館を無料の秘書と思って、気軽に利用してほしい」（経済財政運営と構造改革に関する基本方針）としています。

　ビジネス支援図書館の整備は、雇用・人間力の強化、雇用機会の創造、「起業」による就業機会の拡大を図るため、ベンチャー企業向けの実践型就業の実施や創業、技術経営（MOT）の知識習得のための実効的カリキュラム・講座・「ビジネス支援図書館の整備」等により総合的な事業化・市場化支援を推進することにつながります。また、創業塾を充実し、若手経営者等による「第 2 創業」の支援を図ることです。ビジネス支援に取り組む図書館は、2001 年度 3 館、2002 年度 6 館、2003 年度 7 館、2004 年度には以下の 27 館（準備中の図書館 2 館、検討中の図書館 7 館）となりました：北海道（北広島市立、道立、札幌市立）、秋田県立、上田市情報ライブラリー、岐阜市立、岡山県立、鳥取県立、広島県立、九州（福岡県立、諫早県立、宮崎県立、鹿児島県立奄美大島分館）、大阪府立中之島、東大阪市花園、橋本市立、静岡県立、静岡市御幸町、浦和市（現さいたま市）立、東京都立中央、小平市立、足立区竹ノ塚、立川市立、台東区立、調布市立、品川区立大崎分館、神奈川県立川崎。［準備中］福岡市総合、奈良県立。［検討中］いわき市立、小山市立、新宿区、愛媛県立、熊本県立、山口県立、沖縄県立。ビジネス支援において一番重

要なサービスを行っており、直近調査の2015年だと都道府県はほぼ実施、市町村立も500を越えたそうです（全国公共図書館協議会調査）。

　司書のビジネスレファレンス能力の向上は、最初から高いレベルを求めるのではなく「利用者と一緒に考え学びながらレベルアップすることを目指す」。そのために、ビジネス支援レファレンスを受付け掲示やメールレファレンスの積極的導入等、レファレンス機会を意図的に増やすことが重要です。浦和市立(現さいたま市)図書館の例として、約40名の専門職司書の担当者が、マーケティング基礎資料も企業なみに充実させました。これは、資料費を確保して、専門的司書が選書する効果で、「業種別貸出事典」「行政の報告書」なども揃っています。朝日新聞の聞蔵や日経テレコン、官報の有料データベース等を導入し、利用者に提供しています。ビジネス支援コーナーには、ビジネス関連図書、参考文献を集めビジネス支援コーナーを設置しました。インターネット、データベースは利用講座の頻繁な開催による啓蒙も重要です。広島県立図書館では、2001年9月にビジネス支援図書館推進協議会シンポジウムにヒントを得て、2002年3月全国に先駆けてビジネス支援コーナーを開設しました。広島県中小企業・ベンチャー総合支援センターが併設されているので、来館者が双方の施設を利用することもできます。両施設ともに相互に補完することができ、相乗効果があることを確認しています。島根県立図書館では、相談に来る人はインターネット検索を自分で済ませていますが、それ以上の情報収集が必要である方には、専門機関を紹介するために、役所や業界団体に問い合わせを行っています。宇都宮市立東図書館では、機械産業関連の専門図書館（BICライブラリー：東京都）にデータを探してもらっていました。図書館のつながりを生かせば、専門的な質問に答えられるとしていました。広島市立中央図書館では、ちいさなおはぎ屋さんを開店した利用者は、図書館で中小企業診断士から事業計画の作り方を学び、店舗の場所も商用データベースで決めたとしています。栃木県小山市立中央図書館では、地元企業の商品を展示しています。

【参考文献】
・「ビジネスライブラリアン講習会」2004 年 1 回〜2020 年 19 回、ビジネス支援
図書館推進協議会
・「公共図書館におけるビジネスライブラリアン養成プログラム」斎藤誠一、千
葉経済短期大学部研究紀要 6 号、pp.107〜114、2010 年
・「公共図書館のビジネス支援サービス」滑川貴之、カレントアウェアネス、2019
年 3 月 20 日

第4章

公共図書館の現状

📖 電子図書館が発展しにくい理由

　電子書籍を利用したいと思わない理由には、「紙の本や雑誌を読みたいから」57％、「端末の使い方がわからないから」17％、「本や雑誌を読まないから」13％、「端末やサービスの選び方がわからないから」12％があげられています。どのように電子書籍を利用したいかは、「小説・文芸」51％、「暮らし・実用」24％、「マンガ」23％であり、国公私立大学の学生1万21人の回答です。

　「電子書籍を利用したことがある」については、全体14％、20歳代33％、30歳代29％、40歳代23％、50歳代12％、60歳代6％、70歳代4％です。男女別では男性17％、女性12％です。また、「今後利用したい」については、全体30％、20歳代59％、60歳代以上10％です。電子図書館における電子書籍の普及例をみると、2014年度では公共図書館3,244館のうち約30館でした。因みに、自治体数でみると、2014年度は自治体1,718のうち33自治体です。図書館で電子書籍が普及しない理由として、① 貸出可能な電子書籍が少なく刊行年も古い（市場に流通する電子書籍75万タイトル。内、図書館が貸し出せるのは数千～1万数千冊）、② 貸出しの際、著作権法「公衆送信」のため著作者の許諾が必要、③ 電子書籍はアクセス権を売買するため蔵書にならない、④ 電子書籍の価格が、一般の紙や、一般の電子書籍より高く、また、同時に数人に貸し出せるようにするまとめ買いが条件になり値付けルールが確立されていない、⑤ 出版社や著者が図書館向けの許諾を断る場合があることがあげられます。⑤ の例では、千代田区図書館が、2007年電子書籍サービス「千代田Web図書館」を開設しました。登録者数1万7千人、1か月の貸出600件、蔵書7,500タイトルです。内容は、昆虫や花の3D図鑑、音声付の語学参考書、無料の青空文庫約1,500で、実際（紙）の

所蔵数と比べて、また、図書館で所蔵できるような電子書籍も少ないのです。

　日本電子出版協会は、「書店も図書館もないような地域こそ電子図書館が役に立つはず」と述べています。地域自治体では、都道府県単位で電子図書館の設置を義務づけることにしています。日本電子図書館サービス（KADOKAWA、紀伊國屋書店、講談社）は、2015年4月、図書館の電子書籍導入を支援する事業を開始しました。図書館向けの電子書籍を講談社やKADOKAWAの新書等を著者の許可を得られたものから投入し、1万までタイトルを増やしました。メディアドゥと米企業のオーバードライブが、業務提携（2015年4月）し、オーバードライブの全株式を、楽天（一般向け電子書籍を販売）が取得して、公共的な電子図書館事業の将来性を見越しています(ただし2020年に好調のまま全株式譲渡)。このことは、2016年4月「障害者差別解消法」をともなう、視覚障害者の読書支援を目的にした電子図書館導入でもあるのです。

【参考文献】
・『電子図書館・電子書籍貸出サービス調査報告2015』植村八潮ほか編著、ポット出版、2015年（2020年版も刊行）

📖 高度情報化社会の図書館の使命

　高度情報化社会での図書館の使命を10個あげるとすれば次のようになります。① 高齢者や障害者を含む国民全体を把握し、格差のないやさしい図書館サービスを提供すること（現在、インターネットの利用は80％以上）。② 図書館内に情報活動の環境整備をすること（パソコン、プリンタ・スキャナーなどのハードウェアおよびプレゼンテーション、情報加工などができるソフトウェア、インターネット設備、電源の貸出・コンセント数）。③ Googleの上位に図書館や図書館の資料が表示され、図書館のマーケティング・市場調査を行い、利用者が図書館に何を求めているかを知り、格差のない利用者指向の図書館サービスを提供すること。④ 国民全体に図書館環

境をアピールし、図書館環境や資料が有効に活用されるようにアドバイスし、教育環境を作ることが大切なため、検索スキルや情報リテラシー技能の向上を支援すること。⑤ 図書館同士が連携し、また図書館と公共的書籍検索サービスと商業サイトと連携して一つになり、国民の様々な問題や課題解決を瞬時にサポートすること。国際競争で勝ち抜くためには、図書館の支援は非常に価値があります。⑥ レファレンスサービス（情報アドバイス、情報コンサルタント）による日常生活上の問題・疑問解決、学習支援、ビジネス支援、医療・法律相談、調査研究等の支援をし、メールや Web サイトなどを通じてネット経由で受け付けること。図書館利用が容易になります。また、産学官と図書館の連携のビジネスレファレンスの事例集、図書館内での中小企業診断士によるビジネス支援の無料相談を行うこともその一つです。⑦ Web 上の文書類の信頼性（Credibility）を判定し、信頼性でのランキングを行い、あらかじめ図書館が判定したものを信頼性データベースに登録しておき、検索エンジンにより選ばれた文書の信頼性情報を文書リストに加えて表示すること。⑧ 過去・現在の出版物、出版物以外の文化財、オンライン流通出版物やネット文章の収集、デジタル化（デジタルアーカイブの構築）、蓄積、図書館資料化をして公開すること。⑨ 図書館の利用者のコミュニティ形成の支援をすること（コミュニティを構成する支援を与えるツールの提供）。仲間と情報を交換して、共同作業を通じた知的生産を行うことにつながります。⑩ 図書館の種類による良質なサービスを提供すること。大学図書館は、教職員、学生が必要とする情報資源の収集、組織化、保存・蓄積、提供、利用支援を通じての、大学研究・教育、学習活動支援、国内外の学術機関等の学術研究の進展及び地域社会における文化の振興に寄与します。

　地域の高度情報化の目的として、電子機能について次のことがあげられます。① 自宅や職場から検索可能な「総合検索システム」の整備（県立、市町村立、大学図書館の横断的な検索）。② デジタル媒体の図書館資料の収集・提供。③ 郷土の歴史や文化に関する資料や行政資料のデジタルコンテンツの提供。④ 商用オンラインデータ

ベース等の「外部データベース」の提供。⑤ 電子メールを活用した
レファレンスサービス。⑥ 新着図書情報や図書館だよりのメールマ
ガジンによる配信サービス。⑦ インターネットを活用した学習講座
の配信。

　図書館サービスの情報化については、次のことがあげられます。
① 電子資料の作成、収集及び提供、外部情報の入手に関するサービ
ス。② インターネット等を活用した正確かつ迅速な検索システム。
③ 電子メール等の通信手段の活用や外部情報の利用にも配慮した
レファレンスサービスの充実。

　電子図書館（デジタル図書館）における情報のデジタル化、およ
びネットワークが急速に発達することは、図書館の高度化につなが
り、以下にあげる図書館サービスが向上することになります。① 速
報的な情報サービスが可能になる：電子出版等の利用による。② 遠
隔利用が可能になる：デジタル化によりネットワークを通じて情報
の提供。③ 同時に複数利用が可能になる：デジタル資料に同時にア
クセスできるため複本の用意が不要。④ 図書館の機動的な運営が可
能になる：書庫の削減、1 日 24 時間サービス可能。⑤ Book Avail-
ability：目録上の検索へのアクセスを可能にする。⑥ 情報内容の向
上：更新・加筆・修正が可能：編集・加工により質の高い情報提供
が期待できる。

　さらに、司書を育てなければならないし、その仕組みを作らなけ
ればなりません。公共図書館の使命は、社会や地域のコミュニティ
に属するあらゆる市民（年齢、性別、人種、貧富等）に対して、情
報への電子的なアクセスを確保することにあるのです。

【参考文献】
・「図書館をハブとしたネットワークの在り方に関する研究会」文部科学省、
2003 年

📖 図書館の指定管理者制度

　図書館業務の外部委託が拡充し始めています。1998 年に PFI（Private Finance Initiative）促進法が、「公共施設等の設計、建設、維持管理・運営を民間の資金、経営能力および技術的能力を活用して行う新しい公共事業の手法」としてスタートしました。PPP（Public Private Partnership）は PFI の代表的な手法です。「官民協働」で PFI を成功するには「公共事業である以上、行政が計画段階からチェックすることが重要」なのです。図書館ではないですが、失敗例として、名古屋イタリア村（名古屋市港区のテーマパーク）があります。2005 年 4 月オープン（愛知万博と同時）して、経営母体は名古屋市、愛知県（名古屋港管理組合、リゾート開発会社）でした。破綻の要因は、客足の急減、PFI 事業に対する認識不足でしたが、そのために未納賃貸、固定資産税、市の条例禁止（立て替え費用）を生み出し 170 億円の負債を抱えつぶれたのです。原因は、行政が全く関与しなかったことにあります。

　指定管理者制度が、2003 年「地方自治法」の一部改正が改正され導入されました。法人その他の団体であって、当該普通地方公共団体が指定するもの（指定管理者）は、民間営利団体企業や NPO に図書館の管理を代行させることが可能になっています。2014 年の段階では、公共図書館数 3,226 館のうち指定管理者導入は 396 館でした。2020 年には 582 館とさらに増えています（日本図書館協会）。

　指定管理者制度への賛成理由は、以下の点があげられます。① 人件費の削減を中心とする自治体経営の減量化、② 民間活動の導入による事業の活性化、柔軟な運営の実現。一方、指定管理者制度反対理由は、① 直営なら図書館業務は住民監査の対象だが委託の場合住民の意思が反映しにくい、② 事業の継続性に不安かつプライバシーにかかわる守秘義務があいまい、③ 図書館員の専門的な育成と蓄積が困難になる点があげられています。

　指定管理者制度導入をしないなら、公共図書館の改革が必要です。それは、次の 5 点です。① 直営でなければ達成困難な政策目的を明示することで、民間のサービス量に対して、サービスの質で勝負することです。それは、自治体の政策立案支援をすることでもあります。② 直営のサービスに対する広範囲な市民の支持を得ることで

す。サービスに対する不満、批判を受入れ、前向きに改革を行うことでもあります。③ 直営の高いコストに対する有効な反論に努めること。サービスに対するコストの必要性とサービスの向上とコストの削減に努めることです。④ 行政サービスの自己革新を提案すること。利用者が期待する改革案の提起をすることです。⑤ 図書館サービスの改革は、職員の意識改革が一番重要です。そのことで、地域サービスに取り組み、図書館機能の拡大（ポータルサイト、デジタル情報、情報リテラシー教育）も実施することになります。

　指定管理者制度の例として、「佐賀県武雄市図書館」を紹介しましょう。蔦屋書店などを展開する CCC（カルチュア・コンビニエンス・クラブ）が 2013 年 4 月に開館しました。来館者数 2 か月で 20 万人、貸出数約 2 倍、館内での書籍・雑誌の販売、CD、DVD レンタル、さらに「スターバックス」導入でコーヒーを飲むこともできます。開館時間は、午前 9 時から午後 11 時まで延長し、年中無休です。このサービスは、代官山の蔦屋のイメージを導入したものです。委託費 1 億 1,000 万円だが、市の運営費は 5％減でした。しかし住民からの問題点もあげられました。① 店舗が前面にあって、図書館が奥にあるのは図書館として本末転倒ではないか。② 公立図書館は子どもからお年寄りまでの世代に対する地域のインフラ（社会基盤）のはずである。コーヒーやレンタル等サービスが偏っている。③ 年中無休ということは、職員への労働量が増加し、人件費も上がるはずである。どこがそれを補填するのか。④ 図書館の特色を出すだけでは本来の図書館運営として難しい面もある。

　当初、いろいろな問題が生じ「武雄市図書館の民間会社による管理・運営に関する声明書」が出されました。① 自治体の首長が、特定の民間会社を指定管理者に選定し、十分な情報公開をしない地方自治のあり方の問題（市長の独断で、CCC 社の営業部門も公共投資で実施したこと）。②「民主主義の砦」としての公立図書館の役割と公共性への配慮が欠如している問題（図書館の公共性は、すべての住民、特に社会的に弱い立場の住民の基本的人権を知る権利を守ること）。③ 利用者の増加が図書館サービスに結びついていない問題（図

書館資料の購入費を削減し、書店での販売を促進する商業色が前面に出てきている）。④Ｔカードと図書館との併用はCCCの営業支援となる問題（情報セキュリティー、事業者への便宜供与、営業支援行為）。⑤図書館サービスの専門機能の継続性が担保されない問題（競争の論理による利益問題における指定管理者の撤退）。⑥CCCの採用は、地域振興に結びつかないという問題（東京モデルの地域進出ではなくて、地域振興策を追求すべき）。特に問題なのは、④のＴカードと図書館カードとの併用で、まさに地域への利益ではなく一私企業への便宜供与ということで、すぐに撤回されました。

　鳥取県は指定管理者制度導入には反対しています。理由は、図書館は「知の拠点」で、自治体業務の本質であるべきで、図書館は貸出機能だけではない。自治体が図書館を中心に、学校や大学に「知」を拡大する必要がある。したがって、自治体が自前で図書館を経営する必要があるという点です。また、蔦屋書店が図書館で図書を売ることで、地元の書店で本が売れなくなる心配もあるという点もあげています。

　「鳥取県の図書館方針」は、①鳥取県は外部委託しない、②学校図書館に司書教諭と学校司書を置く、③県立図書館が、ILLを中心にした各公共図書館の物流を行う、④図書館資料の増額、⑤図書館員の育成、⑥地域住民と図書館（員）との交流をあげています。つまり、鳥取県は指定管理者制度の賛否はともかく公共図書館に対してしっかりしたミッションを持っているということです。

　愛知県小牧市では、指定管理者制度導入に賛否があり、ついに住民投票を行いました。「ツタヤ新図書館建設設計計画」の賛否について、市長の主張は、単なる図書館ではにぎわい創出、中心市街地の活性化は難しい、というものでした。駅前にふさわしい新たな付加価値と魅力を生み出す民間活力の導入や官民パートナーシップの取組を市長が考えていました。住民の主張は、武雄図書館の選書の不透明さ、建設費の高さをあげ、その理由を、武雄市長が武雄市民の声を聴かなかったからだとしています。住民投票の結果は有権者数11万6,624人、投票率50.38％。「賛成」2万4,981票、「反対」3万

2,352 票、「無効票」1,427 票。指定管理者制度導入はしませんでした。住民投票条例は「市長と市議会は住民投票の結果を尊重する」ということになりました。市長は、「この結果を真摯に受け取り、計画を丁寧に検証し、明らかな問題があれば見直す。市民の声をどう生かしていくのか、今後、市長と市議にも問われていると思う」と語りました。2017 年 6 月 9 日（金）定例市議会があり、新図書館基本設計費 4,800 万円（一般会計補正予算案）提案、小牧駅西の市有地約 3,800 平方メートル、延べ床面積 6,000 平方メートルで、市直営図書館で運営すること、蔵書 50 万冊を目指し、建設費 35 億〜40 億円、2018 年度実施計画、2019 年度着工、2020 年度了目指して 2021 年 3 月開館予定になりました。2016 年度 4 月から、市民代表や学識経験者による「建設審議会」で協議し、やっと 2017 年 2 月に答申が出ました。市長は、「いろいろな意見や希望があって難しかったが、熱心に協議していただき審議会の答申に沿って建設方針をまとめた。多くの方に喜んでもらえる施設にしたい」と語りました。当館は予定通りに開館しました。

　一方、山口県周南市立徳山駅前の新図書館建設についても、指定管理者制度の議論がありました。図書館について、市長は、新図書館を CCC（ツタヤ新図書館）に指定管理者制度で運営委託することを決定しました。市民団体代表はそれに反対して、署名を集め住民投票を直接請求しました。2016 年 2 月 22 日市議会で、賛成 3. 反対 26 で住民投票は否決されました。市民団体代表は「市民の声を無視し、強い憤りを覚える」と語ました。市長は、（条例）が制定されれば事業は中断し、市や市民の損失が多くなると主張しました。2018 年 2 月に開館し、全国トップクラスの来館者である 1 年で 200 万人来館、2019 年 8 月現在では 300 万人突破しています。蔦屋書店とスターバックスを目指し、年間 280 回のイベント開催も行いました。

　米国図書館協会（ALA）は、指定管理者制度について、営利企業が公共サービスをになうことに危機感を持っていますが、市民活動の非営利団体が経営することには批判していません。つまり、営利企業が公共図書館を運営することに不安があるということです。米

国の公共図書館の管理・運用についてまとめてみると、公共図書館の経営方法には、Chance, Challenge, Change が不可欠で、ライブラリーボード（諮問委員会）の役割が重要であるとしています。日本でいえば図書館協議会ということになります。米国の諮問委員会の義務と責任は、① 優秀な図書館長の採用、② 政策方針の作成、③ 予算は資金調達で補填する、④ 情報収集としてアンテナを高く張って集める、⑤ 多くの市民への広報活動です。

　指定管理者制度についての見解をまとめてみると、指定管理者制度の導入についてどこでもいいということではありません。きちんと整備して、相当のサービス活動の実績に基づいて生み出されるものでなければなりません。目新しさ、奇抜さ、単なる人気スポットによる集客は、浅薄な思いつき施策と思われるところもあります。年中無休、コーヒーを飲みながら雑誌が読める、豪華なインテリア、独創的な空間デザイン等がけっして悪いわけではないのです。ですが、図書館は、住民が暮らすなかで、必要な知識と情報を、権利（権理）として必ず提供できることを最大の目標としています。図書館組織を整備し、意欲的な職員を育成し、結果的に図書館が町の「知の拠点」となるのです。そのことで、人が集まり交流しコミュニケーションをはかり「文化の創造」となります。

　2003 年 6 月の地方自治法改正による総務省通知の改正目的は、多様化する住民ニーズにより効果的、効率的に対応するため、公の施設の管理に民間の能力を活用しつつ、住民サービスの向上を図るとともに、経費の節減等を図ることでした。ところが、2008 年、2010年に示したこの制度については、「経費の節減」には全く触れなくなりました。この制度がコスト削減のために主に使われ、いろいろな弊害を生んだからです。2008 年文部科学大臣は、「指定期間が短期であるために、長期的視野に立った運営というところが図書館にはなじまない」と述べています。2010 年総務大臣は「今日までの自治体のこの制度の利用状況をみると、コストカットのツールとして使ったきらいがある、公共図書館とか、学校図書館には指定管理にはなじまない」と述べています。2015 年 10 月には市区町村立図書

館の自治体 1311 の 16.2％が指定管理になりました。図書館全体で
14.8％が指定管理、指定管理のうち 75.3％が民間企業です。図書館
の公共原理からみて、民間企業の競争原理、市場原理とは相容れな
いところもあり、民間企業体に委ねることは好ましくないのかもし
れません。キャリアを形成するスタッフが必要な図書館に、ワーキ
ングプアの温床となる委託、派遣への依存は避けるべきです（指定
管理者についての統計は表 4-1、表 4-2 を参照）。

　書店の経営者が指定管理者になった場合、もし図書館に資料がな
かった場合、通常図書館は相互貸借として提供するが、その指定管
理者がもし販売に誘導するのであれば、それはすでに図書館ではあ
りません。指定管理者制度には契約期間が設定されています。書架
への返却ができないような「個性的」な分類、契約延長により、特
定業者が永久的に営利事業を独占的に使用されるという不合理なと
ころもあります。「ツタヤ図書館」が一部の利用者に喜ばれているの

表 4-1　公立社会教育施設の指定管理者制度導入の状況

（導入率）

	施設数	導入館	率
図書館	3,274	347	10.6％
公民館	14,681	1,161	7.9％
博物館	1,262	158	12.5％
文化会館	1,866	935	50.1％

（指定管理者）

	一般法人	会社	NPO 法人
図書館	52 館（15.0％）	223（64.3％）	44（12.7％）
公民館	248（21.4％）	55（4.7％）	26（2.2％）
博物館	118（74.7％）	31（19.6％）	4（2.5％）
文化会館	550（58.8％）	244（26.1％）	47（5.0％）

（博物館、文化会館は一般法人に、図書館は会社への委託率が高い）
指定管理者図書館（2015 年度文科省「社会教育調査」2016 年 10 月 28 日発
表）

も事実ですが、図書館としては「稚拙な図書館づくり」の部分を反面教師として、豊かな図書館づくりの知恵と経験を蓄積し、人々が交流していくことが重要だと思われます。武雄市の西隣の伊万里市の伊万里図書館は、ツタヤ図書館とは対照的な図書館で、「としょかんフレンズ伊万里」としてボランティア活動で図書館を支えています。

　ここで図書館全体の職員数（2017 年）を参考までにあげておきます。職員数 39,837 人（専任 11,448 人、兼任 2,201 人、非常勤 19,513 人、指定管理者 6,675 人）。指定管理者 6,675 人：館長・分館長 435 人（うち司書有資格者 259 人）、司書 3,790 人、司書補 97 人、その他 2,353 人。司書数 19,016 人（専任 5,410 人：28.4%、兼任 222 人：1.2%、非常勤 9,594 人：50.5%、指定管理者 3,790 人：19.9%）。貸出数は 662,234,409 冊（2011 年より 20,109,109 冊減）。

表 4-2　指定管理者制度を導入した図書館（2017 年 12 月 25 日発表）

	特別区	政令市	市	町村	合計
図書館数	112	58	299	61	530
民間企業	111	46	244	26	427
NPO	0	1	22	14	37
公社団体	0	11	26	17	54
その他	1	0	7	4	12

【参考文献】
・「指定管理者制度導入調査〈報告〉」日本図書館協会、2007〜2019 年
・「公の施設の指定管理者制度の導入等に関する調査結果」総務省、2019 年
・「図書館・博物館等への指定管理者制度導入に関する調査研究報告」文部科学省、2010 年
・「青葉区・山内図書館への指定管理者制度導入について」横浜市教育員会事務局中央図書館企画運営課、2019 年

📖 適正な図書館員数

　教育支援としての図書館への税金の投資は、無駄金を投資して、

利率以上の効果が得られるなら良いですが、そうでなければ、何も
しないより悪いのです。限られた予算を、図書館員の数を増やすた
めに使うのか、他の情報資源等の教育支援対策に充てるのか、その
エビデンス（科学的根拠）に基づいて検証すべきでしょう。図書館
サービスを向上するためには、図書館員の数が必要と考えている図
書館もあります。一方、図書館員の数を増やしても、課題解決とし
ての図書館のサービスに影響しないと言う人もいます。教育経営学
者がいうエビデンスをとるためには、「ある政策を実施するグループ
（A）」と「ある政策を実施しないグループ（B）」に分け、「その結果
の差を施策の効果として測定する」ことで比較からデータを取るこ
とです。人手不足感のある現場はたくさんあります。もし、人手が
必要であれば、人件費をかけずにゆっくり時間をかけていれば、将
来効果が出てくるというのでは、他の地方自治体との競争には負け
てしまいます。教育経済学の点から、米国では、エビデンスがなけ
れば予算は出しません。海外では、教育現場では、教員を増やすこ
とは費用対効果が低いとしています。学校の教員を増やせば、質が
下がり、特に貧困層や社会的弱者にマイナスの影響が出るとしてい
るのです。教育効果を出すには、教員の数を増やすより、質を高め
ることのほうが経済効果は大きいのです。限られた予算は、教員研
修の充実に使うことを考えているようです。図書館員の数について
も、教員と同じだとは言えないかもしれませんが、「量よりは質」は
正しいと考えられています。図書館サービスの向上を考えたとき、
漠然とした目的ではなく図書館の明確な目的を定め、そこに必要な
質の高い図書館員を「適材適所・適量」に配置することが大切です。
図書館員（長）の経験と経営上のある意味でのセンスが求められる
のかもしれません。

【参考文献】

・「図書館の設置及び運営上の望ましい基準の見直し」文部科学省、2013年

📖 現在の公共図書館の諸問題

　公共図書館は、法律・規則に従って運用されています。勿論、その通りなのですが、図書館サービスを考えた時に、私の経験ではそれぞれの契約で法律（著作権等）を重視しながら、利用者サービスをより広げることが可能にできます。例えば、ILL で他の図書館から借りた図書のコピーです。このことは、著作権法31条ではできないことになっています。しかし、「複製権センター」と「国公私立大学図書館協会」ではそのことを可能にしています。図書館は利用者の便宜を優先して、サービスを展開できる施設なのです。レファレンスブック、雑誌等「禁退出」の図書は、館外貸出はできません。しかし「オーバーナイト（閉館時間）貸出」でそれは可能です。公共図書館の現場で多くの職員が悩んでいる問題はいろいろとありますが、図書館員が知恵を絞ることで、規則に従いながら利用者サービスが可能になることも考えてください。公共図書館の諸問題について、その一部を紹介しましょう。

・電話で対応する場合：特定個人の氏名を口にせず、存在が容易に推知できないように受け答えます。登録申請用紙も男女の別は任意です。

・図書館資料を借りたまま利用者が亡くなった場合：民法709条にしたがって、遺族（相続人）は債権者である図書館に対して損害を賠償する責任（同一著者の弁済）を負います。現金でも、現物による弁済でもよいです。

・貸出資料の返却がない場合：転居した場合は、図書館員は転居先を調べて、本人に返却をお願いします。

・個人情報や家系に関する情報：それが掲載されている資料は、なんの条件も付されず寄贈された場合には、通常の利用提供とします。古文書などに掲載されている個人情報は、現存する特定可能な関係者の基本的人権です。とはいえ配偶者や現存する関係者の利益に、まったく影響を及ぼすことがなければ個人情報は保護する必要はありません。

・『日本紳士録』：福澤諭吉の交詢社が1889（明治22）年に発行しま

した。2005年に個人情報保護法が施行され、削除の依頼があり個人情報保護法23条2項の適用で、公刊が難しくなり、休刊したものです。

・図書館所蔵の名簿類の利用と複写：2006年日本図書館協会は、内閣府に対して「図書館は、国民の知る自由を保障するため、人権又はプライバシーを侵害するなどの正当な理由がない限り、原則として国民に（名簿等を含む）すべての図書館資料を提供する」ことを確認しました。

・図書館内の防犯カメラの設置：館内での図書館資料や利用者の私物の盗難防止や児童の安全確保、トラブルの防止と解決などが考慮されているもので、「防犯カメラ作動中」のサインの掲示も考慮する必要があります。但し、個人情報は必要な範囲内で、記録画像は一定の期間経過したら消去することが必要です。警察への照会が必要な場合は刑事訴訟法197条2項によります。憲法33条に定めてある裁判所の捜査令状で対応するべきです。

・大学図書館での学生証や卒業生等の登録証：Book Detection System（BDS、図書盗難防止システム）の通過の要件とされる場合でも同様です。

・図書館利用者が、警察に盗難等の被害届を出した場合：図書館員立会いのもとに調査し確認をし、事件の解決に協力することになります。私の経験では、三田署からいきなり警察がきて対応したことを思い出します。被疑者が塾生（学生）であった場合も同様で、逮捕されたその姿を見るのは、とてもむなしいものでした。しかし、そのまま警察に引き渡すことは取り調べの警察活動に反する性質をもつので、図書館は主体的には、利用者を救済することも考えなければなりません。直接、図書館員に被害届を提出した場合、範囲を確認し、被害事実が明らかになった場合、被害者とともに解決をはかり、場合によっては警察に連絡することになります。大学図書館の場合、大学の部局ですので学生の将来性を考え学部長と連絡を取りながら対応します。

・住宅地図に関する複写サービス：『ゼンリン住宅地図』の複写サー

ビスが有名です。著作権31条1項1号の範囲でしか許可されていません。著作権法2条1項1号では著作物は「思想又は感情を創作的に表現したものであって、文芸、学術、美術、音楽の範囲に属するものという」定義されており、住宅地図は、著作物とは考えにくいです。したがって、著作権外のものと考えられます。調査研究のためであれば、図葉一枚の全部が複写可能です。国土地理院は許可しています。海上保安庁は、海上保安庁長官の承認をうければ許可されます。"見開き2ページの半分、片側1ページ" から "見開き2ページ1著作物" と文化庁も認める状況にあり、その考え方が広まっています。

・除籍資料の販売：公共図書館の除籍資料を含むリサイクル本の販売は、「市民公益活動条例」に基づき、市民参加の事業として実施されている図書館もあります。除籍資料を蔵書が少ない、他図書館や学校図書館に寄付・移管するのも喜ばれています。

【参考文献】
・「公共図書館の現場で多くの職員が悩んでいる諸問題」山本順一、桃山学院大学経済経営論集 58（1）、pp.81-124、2016-17 年

📖 アメリカの公共図書館の現状

　米国の公共図書館の基本理念12か条（American Libraries Association 1995）があります。

① 図書館は市民に知る機会を提供します。Libraries inform citizens.

② 図書館は社会の壁を打ち破ります。Libraries break down boundaries.

③ 図書館は社会的不公平を改めるための地ならしをします。Libraries level the playing field.

④ 図書館は個人の価値を尊重します。Libraries value the individual.

⑤ 図書館は創造性を育てます。Libraries nourish creativity.

⑥ 図書館は子どもたちの心を開きます。Libraries open kids' minds.

⑦ 図書館は大きな見返りを提供します。Libraries return high dividends.

⑧ 図書館はコミュニティを作ります。Libraries build communities.

⑨ 図書館は家族のきずなを強めます。Libraries make families friend-
lier.

⑩ 図書館は一人ひとりを刺激します。Libraries offend everyone.

⑪ 図書館は心の安息の場を提供します。Libraries offer sanctuary.

⑫ 図書館は過去を保存します。Libraries preserve the past.

　米国の公共図書館では行った人しかわからない以下の 15 のサー
ビスもあります。① 博物館や催し物のチケット、② 録音図書、③
DVD、④ 写真コレクション、⑤ 先祖の情報、⑥ 年齢を問わない催
し物、⑦ 望遠鏡、⑧ 高額商品の購入助言、⑨ 調査研究の支援、⑩
無料コンピュータ教室、⑪ 集会室、⑫ 各種のゲーム、⑬ 電気自動
車の充実、⑭ 家庭で使う道具類、⑮ 同人誌。

　公共図書館の利用率と図書館員のイメージを見てみましょう。来
館者数を見てみると、ニューヨーク公共図書館（NYPL）年間来館
者数は、1,800 万人（人口 800 万人）。ボストン公共図書館の年間来
館者は 370 万人（人口 62 万人）。米国の図書館員のイメージは、
Librarianlike、つまりひっつめ髪で眼鏡をかけた女性の風貌とされ
ています。実は、そうではありません。Librarianship としてのサー
ビス精神は非常に高いのです。日本で特定の個人の風貌の形容とか、
職業を推測する時に、「図書館員」「司書」という言葉が概念として
すらっとでてくるでしょうか。欧米の多くの人たちは、図書館で働
くライブラリアンに対して、ステレオタイプのイメージをもってい
るくらいポピュラーな専門的職業との認識を抱いています。勿論、
日本との給料も違うのが現実です。

　すべての人びとに同じ機会を与えたうえで、どのようにしてアメ
リカ市民は図書館でインターネット・アクセスから便益を獲得する
のでしょうか。博物館・図書館サービス協会（Institute of Museum
and Library Service：IMLS）は、"Opportunity for All: How the Amer-
ican Public Benefits from Internet Access at U.S. Librarian" を出版し
ています。アメリカ市民が図書館で利用する情報メディアが、紙の

図書からインターネット、電子書籍に移行している状況を記載しています。公共図書館でも、規模の大小を問わずにそれなりに相当数の PC が置かれ、多くの利用者に PC を日常的に利用してもらっています。アメリカの公共図書館におけるインターネット利用の対象分野は、社会的繋がり 60％、教育情報 42％、就職・雇用情報 40％、保険・福祉情報 37％、政府・法律情報 34％、コミュニティ 33％、資産運用 25％、起業 7％です。多様な○○リテラシーは公共図書館で提供すべきで、情報リテラシーが読み書き能力（リテラシー）だとすれば、それぞれの時期に市民にとくに必要とされる基礎知識は、すべてリテラシーということになり、公共図書館で市民・利用者に提供すべき情報知識・スキルということにもなります。移民国家であるアメリカでは外国からやってきた家族に対して、子どもの識字、リテラシーは主として学校教育が引き受け、成人のリテラシー（Adult literacy）は公共図書館の主要な任務とされてきました。アメリカ図書館協会では、「あなたの最寄りの図書館で行われる、すべての人びとのためのリテラシー、成人向けのリテラシー」（Literacy for All: Adult literacy @ your library）というパンフレットを作成・配布しており、インターネット上でも公開されています。リテラシーの意味する表現力・読解力を市民の一人ひとりが備えるべき "基礎的知識・スキル" と理解すれば、あらゆる身の回りの事柄について "リテラシー" が必要とされることが分かるでしょう。

　例えば、フィナンシャル・リテラシー（Financial literacy）は、健全な市民に必要とされる金銭感覚、お金の管理の問題です。2012 年、経済協力開発機構（OECD）は、国際的な学力調査である Programme for International Student Assessment（PISA）の事業の一部として、世界中に児童生徒を対象にフィナンシャル・リテラシーについて評価し、アメリカの児童生徒のほぼ 1 割がこの調査でトップランクを占めました。アメリカでは、高等教育を受けるためには、教育ローンを組み、教育投資を行い、自らの手で返済することになります。公共図書館のホームページで、フィナンシャル・リテラシーが取り上げられており、銀行取引、破産、クレジットカード、クレジット

スコア（返済信用度）、負債と抵当権執行、住宅ローンや教育ローンに関する情報が提供されています。合衆国消費者金融保護局（US Consumer Financial Protection Bureau）と公共図書館は、偏りのないフィナンシャル教育を実施するために、2014 年公共図書館を信頼できる情報提供資源として育成すべく、協力事業に乗り出しました。

　ヘルス・リテラシーは、OCLC（Online Computer Library Center）のホームページ「あなたの住んでいるコミュニティに健康情報を提供する」（Bring health information to your community）にあります。オクラホマ州の周辺住民 13,500 人のマイアミ公共図書館には「健康情報を含め、関係するコンテンツとサービスを提供することは、その使命の一部を構成する。データを重視したプログラムや戦略的なほかの団体組織との協力を通じて、マイアミ公共図書館は、図書館の職員と利用者の双方に対して、ヘルス・リテラシーに関わるスキル育成を支援する健康情報サービスを強力に推進してきた」とあります。ミズーリ州のセントルイス・カウンティ公共図書館では、セントルイス大学と共同して様々な疾病について 60 分診断講義が毎月行われています。アメリカの公共図書館が目指している方向は、米国ではコミュニティ・アンカーとしての図書館（Library as Community Anchor）という言葉が使われており、その意味するところは「図書館は安全で、人びとを育て、勇気づけるところであって、そこで人々はともに交流し、作業し、学習し、成長し、意見を交換する場所」と認識されています。児童・生徒・学生に対する宿題支援（homework help）サービスや就職支援（job and career help）サービスも提供されています。2012 年には中小・地方図書館協会年次総会が開催されました。モンタナ州のライブラリアンの報告として「コミュニティ・アンカーとしてのモンタナ州の図書館：図書館を（コミュニティに）関係づけ直接関与するものとする」（The Montana Library as Community Anchor: Making Libraries Relevant & Engaged）が発表されました。コミュニティ・アンカー機関（Community anchor institutions）とは「学校、図書館、医療・保険サービス提供施設、警察組織、公立短期大学その他の高等教育機関、および

その他のコミュニティ支援組織・団体」と述べています。

　コミュニティー・レファレンスとエンベデッド・ライブラリアンについては、アメリカの都市図書館評議会（Urban Libraries Council）2007 年報告書「都市をもっと強力にする：地域の経済発展への公共図書館の貢献」（Making Cities Stronger: Public Library Contributions to Local Economic Development）で記述されています。コミュニティー・レファレンス（Community reference）とは、地域内の多種多様なステークホルダーと話し合いながら課題を明らかにし、関係資料を図書館側から提供し、ともに考え実行可能な方策を模索、提示する図書館サービスのことです。エンベデッド・ライブラリアン（Embedded librarians）とは、ライブラリアンのもつ情報に関する専門的知識とスキルを必要とする人びとグループもしくはチームとライブラリアンとの間の強力な協働関係を構築することの重要性を強調するものです。学生たちが情報ニーズの多くをサーチエンジンなどで図書館へ来館しなくなったことから、ライブラリアンが図書館を出て授業を行われる教室にゆき情報リテラシーを行うのは、大学図書館のものであったが、現在では公共図書館でも行われています。"顔の見えるライブラリアン" としなければならず、優秀なエンベデッド・ライブラリアンを育てるには図書館自体がソーシャルメディア等を活用し、積極的に情報発信し、コミュニティと絶えず双方向のコミュニケーションを図らなければならないのです。

　規模の大きなデジタル複製事業には、ハーティトラスト（Hathi Trust）があります。ハーティトラストとは、図書館独自によるコンテンツのデジタル化だけでなく研究図書館にある Google ブックスやインターネット・アーカイブにてデジタル化されたコンテンツの大規模協同作業レポジトリです。Google ブックスプロジェクト、ボランティアによるデジタル化、インターネット・アーカイブの蓄積を加え、参加研究図書館が独自にデジタル化したものとあわせて、1,000 万冊以上のデジタル資料を擁しています。欧米 60 以上の研究機関がハーティトラスト（デジタル・ライブラリー）と提携しています。2011 年、アメリカ作家協会（Authors Guild）から著作権侵害

だとして提訴されましたが、2012 年連邦地裁、2014 年第 2 巡回控訴裁判所によって、ともにハーティトラストの擁するデジタル化資料についてはフェアユースと判断されました。連邦著作権法 109 条(a)項（ファーストセール・ドクトリン）は、図書館および個人として、購入すればそこで図書・雑誌に関して著作権は消尽し、自由に使用、収益、処分ができるというものです。しかし、デジタル資料の取扱い・取引に関しては、著作権者との間でライセンス（使用許諾）契約が結ばれることが一般的です。孤児著作物（orphan works）への立法的な対応がないのです。「デジタル化した文化的遺産の新しい変形的な利用を可能にするプラットフォーム」をつくり出す必要があります。課題への対応は、貧困と図書館利用、米国の公共図書館では、子どもたちが PC でゲームをし、ソーシャルメディアを利用し、学習し、公共図書館が貧困な人たちを支援する施設であることが実感できます。しかし、日本の公共図書館は、無産市民の施設だとはせず、中産階層にレクリエーション・サービスを提供する施設になっています。

　ALA がアメリカ国民に向けて図書館への広範な支援を求めて作成した「図書館を利用する権利に関する宣言」（Declaration for the Right to Libraries）には、公共図書館が利用者の人生、生活を変える役割を担っていることが丁寧に記述されています。日本も図書館の"知の拠点"という美辞麗句を実質化しうる財源と人的資源、知恵と工夫を備えなければなりません。アメリカの図書館の世界、情報資料知識を備え情報探索スキルを身に付けたライブラリアンは、対象としているコミュニティの社会経済的な文脈に組み込まれた（embedded）存在であり、コミュニティの個々のメンバーや組織と団体と向き合って、対話を重ね、コミュニティー・レファレンスを展開し、一定の加工を加えた情報知識を提供すべき存在です。主として地元コミュニティと情報技術の相互作用に焦点を当てた新たな領域、社会情報学（social information）の範囲内でさらに目的意識をもって絞り込まれた領域である"コミュニティ情報学"（community informatics）の形成と深化が暗に意図されており、これからのライ

ブラリアンはコミュニティ情報学の実務的研究者として位置づける
ことができます。地域コミュニティの活性化は、情報産業の叢生を
誘導し、観光施策の創造的展開に役立ち、遠隔生涯学習に大いに貢
献しうるはずで、"地域情報化政策" の中核的位置づけを勝ち得る可
能性をもつものと思料されるでしょう。課題への対応、日本の公共
図書館（県立）の "シンクタンク機能" そしてコミュニティー・レ
ファレンスは、図書館が担うものだと行政の中でどの程度認知され
ているのでしょうか。政策立案過程でどれだけ役立つと思われてい
るのでしょうか。各県単位できちんと図書館政策がなされなければ
ならないのです。少なくとも教養・娯楽としての図書館から "シン
クタンク" としての図書館へ意識を脱皮させない限りは、行政に認
められた図書館にはなれないでしょう。自前の人材育成という観点
からすると、行政との人事交流、国会や大学、学校との人事交流、
市区町村との人事交流、そしてブロックを越えた人事交流・異動が
ないとグローバルな視点が持てません。市区町村立図書館支援、県
内の図書館振興の発展の旗振りに力を入れるべきです。

　連邦法「図書館サービス技術法」による補助金プログラムについ
ては、アリゾナ州立図書館ホームページの "図書館サービス技術法
による財政的支援"（Library Service & Technology Act（LSTA）Fund-
ing）のところで「あらゆる館種の図書館は、急激な変動の時代に伝
統的な図書館使命を拡充するべく、奮闘している。図書館はその地
元コミュニティに住むすべての人たちに対するサービスを改善しよ
うと努めている。予算は厳しいけれども、アリゾナ州内の図書館は、
毎年、数十の新規に魅力的なプロジェクトに乗り出すことができる。
図書館サービス技術法による補助金（LSTA funds）がそのような取
組みを支援している」と述べています。連邦政府の図書館振興補助
金は博物館・図書館サービス協会（Institute of Museum and Library
Services：IMLS）を通じて 50 州とワシントン DC と準州に分けら
れています。補助金獲得のためには、"ライブラリー・オフィサー"
という専門家が必要であり、インターネット上で行われるウェブカ
ンファレンス（有償、無償）ではウェブとセミナーの造語 "ウェビ

ナー（webinar）" が広く行われています。8 万人以上のライブラリースタッフが無償で利用しています。また OCLC の Web Juction は、会員制の高度な図書館業務関連データベースを運営しています。

【参考文献】

・「アメリカの公共図書館概観」アメリカ図書館協会、2017 年調査

第 5 章

日本の図書館の「あけぼの」

📖 利用者が創る公共図書館

　自分たちで自分たちの理想とした図書館を創るためには図書館の意味・役割を知らなければなりません。また、現在の図書館の状況・状態を知らなければなりません。それには、図書館をたくさん利用しなければなりません。できたら、家族で、親子で、子どもたちと友達と一緒に出掛け図書館を理解することです。

　すべては、市民の声を聴くことから始まります。図書館のデザインをどのようにするのか、どんな図書館にするかという、市民の声です。勿論、行政と一緒に考えなければなりません。市民の声の聞き方といっても、例えば、図書館24時間オープンが市民の求めていることなのでしょうか。深夜12時に図書館に来る人が本当に健全な生活をしているのでしょうかと疑問ではありますが、いろいろな生活があるのは事実です。24時間開館した時の、人件費、コストパフォーマンスはどうなのでしょうか。図書館で働いている人の生活もありますし、行政のコストはどれくらいでしょうか。

　ライブラリーリテラシーとは、運用よりも、図書館の本当の価値は、地域の資料、郷土資料、議会情報にあると考えられます。地域について、本当に調べられる体制が整っているのかどうかです。ベストセラーの売れ筋本しかない図書館に比べて、その地域のことをしっかり調べられる図書館はやはり魅力的だと思うのです。

　図書館としての仕事（マニュアル）をきちんとこなしている司書が必要です。自治体職員に専任である必要がありますか、派遣、嘱託でもよいのでしょうか。図書館は、民間（指定管理者）でも良いのでしょうか。図書館が、地域で生活している人に対してメリットを提供してくれているのでしょうか。今、図書館は電源を貸してくれるのでしょうか、コンセント数が少ないためにそれらに制約があ

りませんか。量より質と言いたいのですが、質は量から生まれるので、こつこつと確実に進める必要があります。大きなビジョンで素晴らしい図書館を目指すのは楽しく嬉しいのですが、単なる現実性のない夢に終わりませんか。たくさんの図書館を網羅的に見学してみることがとても大事です。大規模なものがいい図書館と考えていないでしょうか。隠れた小規模の良い図書館は近くにあったりします。小さくて目立たないところに、素晴らしい図書館があるかもしれません。前述したように、米国のカリフォルニアのサンフランシスコ、バークレー、オークランドには小規模で魅力的な図書館がたくさんありました。どんな図書館にも、必ずどこか良い点があるかもしれません。その地域に特化した市民の要求が反映されている図書館は良い図書館に決まっています。そのような図書館を探すことが大切なのです。図書館員の明るい挨拶、手を出したくなるような配布物の置き方など何気ない工夫が、ほかの図書館にとっても参考になるのです。小さな工夫だからこそ、すぐにも真似することができます。

　「小さなビジョン」を持ち、実現していくこと、その積み重ねが重要です。「大きなビジョン」だけでは、全体の最適化にたどり着くことが逆に困難になってしまいます。図書館づくりには、「図書館現場の知識、技能、感性」として、図書館それぞれの小さな工夫や小さな違いをたくさん見出すことが重要です。新館あるいは既存の図書館を税金で作ることに、市民はどんな恩恵を受け、何が変わるのかを知りたいのです。

　図書館があることによって、何が変わるかが重要です。米国では、評価指標（エビデンス：数字的統計）を定めようということを謳っています。図書館は市民のシンクタンクであるし、そうしなければならないのです。居住者は自分が住んでいる地域のことを、実は誰よりも知らないかもしれません。日々の生活のなかで、分かっているような気になっているかもしれませんが、自分の日常的なもののなかで知っているだけで、客観的にみれば、非日常的である魅力的な特徴に対して盲目になっているかもしれません。隠れた魅力を知るためには、図書館を利用させ、図書館員がいわゆるカマス理論（＝

よそ者、若者、ばか者）の視点を持ち、地域を客観視する必要があります。プロジェクトチームが動き始めるのは、理想的にはトップによるマネジメントを必要としない自律的な運用能力を持った時です。基本構想とは、50年（？）25年（？）5年（？）先の未来から見た明日の未来を、いまからつくることです。図書館法17条「公立図書館は、入館料その他図書館資料の利用に対するいかなる対価をも徴収してはならない」には「一切の課金をしてはいけない」とは書いてはいません（受益者負担、費用対便益）。イギリスやアメリカの公共図書館では、会議室を利用料付きで市民に提供することを収入源にしています。ニューヨーク公共図書館では、結婚式をすることもできます。イギリスでは収入の1割分を課金によって上げています。

　基本計画と整備計画とは、基本は資料収集と蔵書数、レファレンスサービス、高齢者サービスの展開、目標に対する具体的な施策等です。図書館の基本計画に必要なのはヒアリングではなくて、主体形成のためのワークショップです。主体を形成するということは、意見を集約しながら、できる事とできない事を明確にし、取捨選択をすることです。整備計画とは、ハード面とソフト面を切り分けて外注することも、図書館建築で大事なことです。建築士や設計士が図書館のサービスや現状について熟知するのは業務上不可能ですので、図書館におけるソフトウェア部分は、プロデュースやディレクションは切り出しで外注することが必要です。指定管理を請け負う事業者や、図書館にさまざまな備品・什器を納入する会社が整備計画を書いてしまえば、住民無視の自分たちのサービスや商品を導入してもらうための基本計画書が書けてしまいます。そこに利害関係が生まれてしまいます。利害関係（ステークホルダー）のないと誓約できる会社に委託することは重要です。アドボカシー（主張する、支援する）は、社会に市民や図書館の現状を詳細に伝えることです。休館日だけではなく、蔵書点検による休館の理解を市民に伝えることが重要です。「一日棚卸司書体験」の実施はいかがでしょうか。また、図書館を理解してもらうためには、新聞社とのパイプを持つことも重要です。優秀なジャーナリストはたいてい新聞を情報源のひ

とつとしています。さらに図書館を非常によく使います。図書館は、ジャーナリストとのロビイングなのです。

　図書館を利用しての起業は可能なのでしょうか。課題解決支援が図書館の主機能であれば、実務家のビジネスパーソンの採用が、産業支援の価値を市民に認識を与え、中小企業では荷が重い地道な情報集めを図書館が代わりに集めてくれます。国の補助金、助成金の情報、公募プロジェクトに関する情報提供です。図書館の全面的管理として、企業家には自治体の補助金と助成金の情報提供を行うこともあります。図書館が、自治体内の事業者を全部登録することについては、図書館の法人利用者として登録をしてもらい、図書館に法人部をもち、リスト化した法人に対して図書館が定期的に情報発信を行うこともあります。現代は、インバウンドの時代であり、図書館の「学習・観光支援」が可能です。例えば、① 地元の市民に対して、全国の観光情報を提供する、② その地域を訪れている観光客に対して、地域の情報を提供することが考えられます。

　もっと詳しい情報は図書館でというポジションを取れれば、図書館の社会的地位が上がります。教育支援として、図書館の学習支援では、インターネット無料で受講できるオンラインデジタル講義（MOOC：Massive Open Online Course）が可能になっています。JMOOC（日本オープンオンライン教育推進協議会）では、講義を提案している大学の単位認定を受けることができます。

【参考文献】
・『未来の図書館、はじめませんか？』岡本真・森旭彦、青弓社、2014 年

豊橋に世界一の図書館を

　私は、2014 年の「豊橋市まちなか図書館（仮称）」の整備基本計画の意見交換会に参加しました。豊橋市民は、豊橋市には既に市立図書館が存在するので、既存の図書館よりも新しい発想の図書館建設をという希望が多くありました。一方、明確な形が具体的に見えない段階ではという理由で、そのことへの不安もありました。「豊橋

に日本一の図書館を」の新図書館計画の最大の目的とその魅力は、いわゆる"The Library"という既存の図書館のものではないという発想が根本であることにも気が付きました。本の貸出、雑誌、新聞の閲覧サービスを中心にしている豊橋中央図書館のサービスとは異なる利用者サービスが実現できればという期待感があることのようにも思えました。一方、新しい事業に抵抗感があり、不安を持っている方々には、説得し、理解していただくことが必要でした。新しい豊橋市に町の「生きる力」を新図書館が具体化していくことで、市民への熱い気持ちを盛り上げることが出来ると感じ取りました。2015年度内に市に対して草案を提出した当初、その要望はすべて出し尽くしているように見えていましたが、実際には、その方向性が具体的になっていない点が多々あったのです。要望、期待、希望、夢想等を、具体的にどのようにまとめるかを、市民、図書館関係者、行政の三者の考えを同じ方向に向ける際、だれが最終的な旗振りをするのかを決めなければならなかったのです。水先案内人が多いと、むしろ不平と不安のグループが足を引っ張ることになり、三者があくまでも冷静に一定の方向性を見ながら、それぞれの役割に対して一定の距離をおき、おのおのの意見は最大限に取り入れ、お互いを尊重するかたちでまとめる必要があると感じました。市民の方々が望んでいるのは、豊橋市に「いやしの館」あるいは「最寄りの館」であることが最大の要望であることが確信できました。「館（コモンズ）」に行けば、豊橋市民とのコミュニケーションをはかることができ、「館」を通じて心のネットワークをつなぐことができるのです。

　新図書館サービス構築について、図書館関係者として、豊橋市が成功に向かうために次のことを考えました。① 行政、商店街、企業とのリンケージ、② 図書館友の会（仮称）の実現：市民が自分たちの誇りを保つために、希望（意見）を常に述べることが出来る環境整備、③ 学生、ボランティアもいつでも参加できる図書館運用、④ 大学図書館との協力：教科書、学術書の共有化、⑤ 町づくり、町おこし：郷土資料に関わる情報収集と情報提供活動：過去と現在の郷土の状況、特産物、地場産業、遺跡、名所旧跡、祭りや芸能、⑥ 解題

解決支援として、図書館が主題専門家へつなぐ役割、⑦ コンセルジュを新図書館に配置しての豊橋近辺への案内、⑧ 諮問委員会の設置。

　以上を実現するためには、以下のことが必要になります。① 優秀な図書館長（図書館経験者の意味ではない）の採用、② サービス方針の作成、③ 資金調達方法、④ アンテナ（広い範囲）を高く張った情報収集、⑤ 市民への広報活動（行政、企業、学校、商店街と住宅地。豊橋以外の市民）。

　豊橋市新図書館は、地方創生、地域再生にむけた小さくて大きな挑戦です。

　令和時代のまちなか図書館（仮称）とは、基本理念、「世界を広げ、まちづくりに繋げる、知と交流の創造拠点」です。基本方針は、① 新たな世界を発見し、創造する、② 交流、活動を通して、人と人とが繋がる始点となる、③ 気軽に立ち寄り、心落ち着く居場所となる、④ 再開発エリアや中心市街地の諸機能等と連携する、⑤ 次代のまちづくりと中心市街地のにぎわい創出に繋げるということです。

　まちなか図書館（仮称）が目指すものは、① 図書館の基本的な機能を押さえつつ、まちなかにこそ求められる機能を担う、「発見する」「学ぶ」「集う」「交流する」「くつろぐ」の5つの機能、② 新たな情報や人との出会いを創出し、まちづくりに寄与する人材を育成する、③ 新たな利用者層を掘り起こす、④ 市民とともにつくる、⑤ まちづくりに繋げる、⑥ 中心市街地の立地を生かす、⑦ 中央図書館と役割を分担し、連携を図ることです。

　導入位置と施設規模は、① 豊橋駅前大通二丁目地区第一種市街地再開発事業により再開発ビル東棟、② 規模：4,000 平方メーター以内、東棟2階の一部と3階、目標利用者数年間50〜70万人（中央図書館利用者数、26年度：約40万人）です。

　基本方針に基づく特徴的サービスを次にあげます。① 新たな世界を発見し、創造する（読者による本のおすすめ本の紹介、映像活動などの創作活動等）、② 交流、活動を通して、人と人とが繋がる始点となる（趣味、健康などの参加型ワークショップ、法律、企業、就職、健康等に関する各種相談、ビブリオバトルの実施）、③ 気軽

に立ち寄れ、心落ち着く居場所となる（カフェやラウンジなどでくつろげるスペースの提供、BGM の選択、夜間の酒類の提供等）、④再開発エリアや中心市街地の諸機能等と連携する（書店、飲食店やこども未来館と連携した取り組み、穂の国とよはし芸術劇場と連携）、⑤次代のまちづくりと中心市街地のにぎわい創出に繋げる（専門家を招いた講演会やサイエンスカフェ等の開催）。

　蔵書と管理運営は次の通りです。① 開架を基本で約 10 万冊、② ICT を活用したサービス、③ 開館時間（案）：平日、休日とも 9 時〜22 時、休館日（案）：月 1 回（案）、④ 駐車場・駐輪場整備準備、⑤ 概算事業費：約 30 億円、⑥ 開館予定：2020 年 8 月。以上のことが確認でき、住民、行政、新図書館が同じ方向に動き始めました。予定からは少し遅れましたが、2021 年 11 月の開館予定です。

【参考文献】
・『実施計画概要版』豊橋市都市計画部まちなか図書館整備推進室、豊橋市教育委員会教育部図書館、2016 年
・『豊橋に日本一の図書館を』加藤好郎、御成門新報、2014 年 11 月

📖 居心地の良い図書館

　公共図書館にないサービスや居心地の良さは、例えば、文科省が「2005 年の図書館像：地域電子図書館の実現に向けて」と「これからの図書館像：地域を支える情報拠点をめざして」で提言しています。貸出サービス偏重への反省ですが、WebOPAC 等の影響による予約サービスの増加が、ベストセラー本への予約の集中をもたらし、「無料貸本屋」への批判につながっているのです。そこで、目先を変えるかのように、浦安市立図書館、千代田区立千代田図書館、千代田区立日比谷図書文化館（有料特別研究席 32 席 2 時間 300 円、終日 1,200 円）等が設立されました。さらに有料の会員制図書館、利用者同士の交流の場（イベント含む）として、赤坂アークヒルズライブラリー（月会費 9,450 円、約 400 人）、六本木ライブラリー（1 万 2,000 冊）、大阪ビズライブラリー（月会費 4,200 円、会員 30 人）、渋

谷ヒルサイドライブラリー（年会費 1 万円、読書家推薦 800 冊）が設置されました。「KaBos 宮前平店」の書籍は約 18 万冊、喫茶スペースが店舗の 3 分の 1 です。無印良品「MujiBooks」は書籍 2 万 2,000 冊、ワインの近くに食品関連の本を置いていますし、洋服の隣に服飾にまつわる本を置いています。「H. I. S. 旅と本と珈琲」では、旅に関連した 1,500 冊の本を配置しました。ネットの普及で、知らない本を偶然、書店で手に取る機会が減りました。渋谷にある「森の図書室」では、仕事帰りに気軽に過ごせる図書館を作り、本や人との偶然の出会いを目的にしました。写真集、建築関係 1 万冊を準備し、本好きの人としゃべれるのがいいところで、営業時間は深夜 0 時から 2 時まで、食事もお酒も提供していて入会費 1 万 8 千円でオープンしています。「まちライブラリー」は 2015 年 4 月にオープンしました。カフェ併設、午後 11 時まで蔵書は 1 万冊、利用者の寄贈もあります。会員登録料 500 円でウクレレ演奏会や日本の紅茶を楽しむイベントもあります。

　私設図書館は 1,200〜1,300 か所程度で、「街の書店が減少し、財政難や人材不足から公共図書館のサービスも硬直化しがちである。本に触れる機会を増やし、地域住民の交流を活性化するのが狙い」というところが多く、蔵書やサービスが代わり映えしない公共図書館から利用者が遠のいた分、街中の快適な私設図書館が受け皿となっている面もあります。蔵書の検索や継続的な運営などの課題がありますが、本離れを防ぐ一助になっています。イギリスのサービスポイント・サービスのような駅での図書の貸出・返却を、千代田線の「根津駅の貸出書架」で見かけました。私設図書館と公共図書館の違いとしての意思に、多くは、公共図書館はリラックスできないし、公共図書館は堅苦しいし、公共図書館は壁を感じるし、公共図書館は自分の居場所とは感じられないし、公共図書館は図書館員を含めて友人が作れないとのことがあるのも事実です。

【参考文献】

・「2005 年の図書館像：地域電子図書館の実現に向けて」「これからの図書館像：地域を支える情報拠点をめざして」文部科学省、2005 年

📖 学校司書の必要性と現状

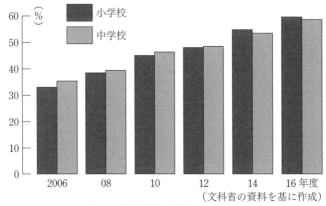

図 5-1　小中学校の学校司書の配置率

　2014 年 6 月 20 日改正学校図書館法で「学校司書を置く努力義務を定め、2015 年 4 月 1 日に実施されました。図 5-1 が、学校司書の配置率です。私もこの改正にかかわりましたが、私が上記の改正を急いだのは次のことがあったからです。もともと学校司書は、ほとんどの学校に置かれていましたが、2003 年学校図書館法 5 条「司書教諭を置かなければならないが、学級数 12 学級数未満の学校では、当分の間、司書教諭を置かない事ができる」が決まってから、学校司書を辞めさせる学校（東京では特に多摩地区）が出てきました。司書教諭と学校司書の両方に給与を払えないので、司書教諭を採用するなら、学校司書を辞めさせるということです。

　学校司書とは、2015 年 4 月 1 日学校図書館法第 6 条によれば「学校図書館の運営の改善及び向上を図り、児童又は生徒及び教員による学校図書館の利用の一層の推進に資するため、専ら学校図書館の職務に従事する職員」をさします。学校図書館の運営は、司書教諭、学校司書を中心に、校長、担任教諭、保護者、公共図書館の司書で運用しなければなりません。学校図書館活性化のための政策提言・啓発活動で重要なのは、学校司書の全校配置、司書教諭の専任化、

読書指導と図書館活用ができる教員の養成です。

　学校司書は、2013（平成 25）年 11 月の段階では学校図書館の運営に当たって、教育活動への協力・参画、貸出・返却などの日常業務を担当する専門スタッフであり制度上の設置根拠がなく、名称や資格要件、仕事の内容は各自治体によって異なっていました。国会議員による法整備の動きがあるほか、文部科学省が 8 月に検討組織を設置し、2016（平成 28）年にガイドラインが通知されました。学校図書館法は一定規模の学校に司書を必ず置くように定め、それは講習を修了した教諭がなる「司書教諭」とは異なります。2012（平成 24）年学校図書館の学校司書の配置の現状は、小学校 47.8％、中学校 48.2％、高等学校 67.7％。例えば、2012 年の埼玉県では小学校の未設置市は、川口市、行田市、秩父市、所沢市、加須市、東松山市、春日部市、狭山市、入間市、久喜市、八潮市、日高市、白岡市、伊那市、越生市。町は、三芳町、毛呂山町以外はすべて未設置です。中学校の未設置市は、川口市、行田市、秩父市、所沢市、加須市、東松山市、春日部市、狭山市、入間市、久喜市、八潮市、坂戸市、日高市、白岡市。町は、三芳町、毛呂山町、越生町以外はすべて未設置です。横浜市の学校司書配置状況は、2016 年 4 月私立小中学校 500 校に専任（含、非常勤）の学校司書配置が終了しましたが、非常勤の時間給 1,100 円（年間 105 万円）です。2016（平成 28）年の全国配置率は、小学校 59.2％、中学校 58.2％、高等学校 66.6％です学校司書の人数は延べ約 2 万 2 千人以上に上っています。が、上でも確認した通り地域差があり、島根県・山梨県は小中とも 90％の一方、北海道・青森県は 20％です。学校司書の採用は、法の下速やかに行わなければなりません。

　2020 年度「デジタル教科書」では、小中高のタブレット端末に入ったデジタル教科書で学ぶことになります。デジタル教科書の必要性は、学習効果（音声、発音）も学べる英語、図形の移動、拡大や書き込み、写真や動画で分かり易く理解できる点にあります。デジタル教科書のマイナス面としては、書く力や主体的な思考力の育成と長時間使用に対する、依存傾向や健康への影響です。デジタル

教科書の内容とは、教科書であれば「質」の担保が求められます。紙との同一性より創意を生かして緩やかに工夫してはどうでしょうか。格差社会の3つの問題は、「所得」「世代」「地域」です。義務教育の教科書は無償にしても、デジタルの無償化は困難である。保護者の負担や財政や家庭状況などによって整備に大きな差異が出るのはやはりおかしいでしょう。教育の機会均等、公的支援が求められます。教員の人材育成としては、デジタル教科書では教員の指導力が軽視される懸念があり、そのために活用技能と指導力が求められるので大学の教職課程からの育成が必要です。教育現場の転換期には、「紙」が正式の教科書でしたが、今、司書、つまり図書のエキスパートの育成とあわせてデジタル教科書の「課題や疑問」を積み残さない議論の必要な時であるのです。

【参考文献】

・「学校図書館法の一部を改正する法律の公布について」文科省、2014 年 7 月 29 日

📖 日本の大学と大学図書館改革

　2010 年、文科省が「大学図書館の整備について：変革する大学に求められる大学図書館像」を提言しました。大学図書館員に求められる資質・能力とは、次の 6 点があげられるでしょう。① 大学図書館員としての専門性：図書館に関する専門性に加えて、大学図書館全体のマネージメントができる能力のこと、② 学習支援における専門性：各大学等において行われる教育研究の専門分野、即ちサブジェクトに関する知識のこと、③ 教育への関与における専門性：情報リテラシー教育に直接関わり、教員との協力の下に適切なプログラムの開発を行うこと、④ 研究支援における専門性：研究者が文献に容易にアクセスできるようにするナビゲーション機能、ディスカバリー機能を強化すること、⑤ 専任の仕事：選書には、標準化、特殊性、個性化（含む EJ、EB）。レファレンス・カウンター、情報リテラシー教育、予算管理、⑥ 委託・派遣との調整役：委託・派遣の仕事には、書庫管理、閲覧カウンター、目録データ入力やデータ処

理など。

　同時に、文科省が「日本の私立大学図書館の戦略」を提言しました。改革派私大を重点支援として、補助金の配分（人件費、施設費、設備費の一体的支援をする新しい仕組み）と教育の質的向上、カリキュラムの改革、「図書館の 24 時間と土日開館」が求められています。地域再生の核となる大学作りとして、地域課題解決のための教育プログラム、地域との共同研究が求められています。産業界・国内外の大学と連携した教育研究として、企業との教育プログラム作り、上記の課題解決のためのプログラムが求められているのです。

　個人的には、少し極端すぎる発想ですが、① 1 人のトップマネージメントと全員派遣あるいは業務委託の可能性の実現、② 全員専任のライブラリアンの可能性。専任の給与を少しカットする勇気があれば。人生 90 歳時代に向けて、役職定年を速めて後継者の育成・養成し、定年を 70 〜 75 歳まで伸ばすこと、③ 大学図書館員に求められる資質・能力を考えると、優秀なベテラン図書館員は不可欠である、ということが考えられます。

　各大学図書館のミッションとして、① 学生支援か大学院支援か教員支援か、またその全部なのか、方向を決めること、② 資料がオーバーフローする現状において、ブランチ・ライブラリー機能の可能性を考え、同時に、各大学共通の保存図書館を設置すること、教員の研究室は学習・研究のためのブランチ・ライブラリーとして位置づけること ③ 学生用図書予算と各学部の教員用図書予算を有機的に運用するか、図書予算（学生用）と学部予算（教員用）を合併する、ことが重要点としてあげられます。

　日本の大学の現状ですが、① 学生が、年間 6 万人退学、② 退学後データ：非正規雇用（アルバイト、契約社員）男子 37％、女子 65％、③ 2015 年度で 560,000 人卒業、非正規雇用：契約派遣社員 21,990 人、アルバイト 106 合計 128,224 人（23％）。学部別人文系 31.2％、家政系 25.0％、社会系 24.1％、教育系 32.5％、④ 学生は「お客さん」ですか？⑤ 学生が大学の興味を持つ時期と理由が 1 年生：同級生への興味と評価、2 年生：教員・研究成果への興味と評価、3 年生・

4 年生：産業界への興味と評価、⑥ 学生の "図書館への興味" を、いつどのように動くのか、仕掛けるか？というものです。一般教員の図書館支援と図書館員が教員と学生のオフィースアワーの橋渡しで、教員も図書館員の一人であると認識させるべきでしょう。

　以上が、私の大学図書館戦略です。

【参考文献】
・「大学図書館の整備：変革する大学に求められる大学図書館像」文科省、2010 年
・「日本の私立大学図書館の戦略」文科省、2013 年

📖 米国の大学と大学図書館改革

• **スタンフォード大学（私立）[1891 年創立]**　ロンドンオリンピック（2012 年）で、スタンフォード大学の学生がどのくらい活躍したか調べてみました。結果は、16 人がメダリストです。その競技は、ビーチバレー、女子ボート、女子サッカー、テニス、女子水球です。米国のメダル総数は 104 個ですから、15％はスタンフォードの学生です。

　スタンフォード大学の工学図書館では、図書はすべて保存図書館へ移動済です。東アジア研究図書館（EAL）も、耐震設計の関係から館そのものを廃止し、蔵書はすべてキャンパスから離れた保存図書館に移動することを決定しました。しかしながら、教授や学生からの反対により一時見送り状態ではありますが、近々に実施します。

　Need-blind admission policy（選抜の際に、家庭の経済状況を考慮しない）があり、年収 10 万ドル（約 1,080 万円）未満の出身者に対しては、授業料すべて免除、年収 6 万ドル（約 650 万円）以下の出身者には、授業料と寮費も免除です。授業料は、3 万 4,800 万ドル（約 380 万円）10 年前の 1.6 倍。支援財源 171 億ドル（約 1 兆 8,470 億円）という制度があります。

• **カリフォルニア大学バークレー校（州立）[1866 年創立]**　財務：支出、1,907 億円。収入 1,917 億円。• 政府機関補助 525 億円（27.4％）。授業料 351 億円（18.3％）。研究助成等収入 613 億円（32.0％）。寄付金収入 162 億円（8.4％）。その他 266 億円（13.9％）。研究費（外部

資金）613億円。国内政府系401億円（65.5%）。他212億円（34.5%）。
「大学基金」2,975億円。

• **ハーバード大学（私立）[1636年創立]**　年間大学収入割合：学納
金収入21%、その他投資収入5%、一般寄付7%、その他の収入14%、
研究助成金22%、基金からの分配金31%。ハーバード大学運用基金
時価総額の4.5%～5.0%で毎年分配基金運用2兆1,528億円（表5-
1に組織の役割）。

表5-1　運用基金運営委員会組織

理事会	運営委員会	財務代理人
（内部スタッフ）	（＋外部アドバイザー）	（外部アドバイザー）
	理事会へ報告	運用状況とペイアウトレートの妥当性

• **ワシントン州立大学（州立）[1890年創立]**　ワシントン州立大学
の経営危機は以下のとおりです。キャンパスのあるプルマンの人口
は3万人（80%は学生か教職員）ですが、全職員の10分の1（581
人）を削減、職員が土地を離れることで住宅価格下落、「大学の問題
は、地域社会全体の危機」といわしめる事態となりました。州政府
予算は188億円削減、授業料49%値上げ、2011年度には16%増と
なりました。

• **アマースト大学（私立）[1821年創立]**　ボストンにあり、ハー
バードの近隣にあります。学部生20,000人、大学院2,000人、教員
数1,000人。

　Du Bois library（地上28階）は、図書館全体が学習支援スペースで
あり、24時間開館、地階には、キャレル・グループ学習室（17室）・
ソファー等600人分、デスクトップ200台、無線LAN、コピー機、
プリンター、自動販売機（飲み物、食べ物、スナック）があります。
1階には、カフェテラス、ケータイ専用ブースが用意されています。

　ラーニング・コモンズとしても飲食は自由、サービス・センター、
サービス・デスクがあります。大学院生・学部生（スタッフ）が、
相談と個人レッスンが行い、Writing centerでは、文章構成、文体、

文法、読みやすさを指導しています。Career Services（Career Services の出張デスク）では、就職情報、個別相談、インターンシップ、ワークショップコーディネイト、模擬面接、レジメ作成も指導しています。Academic Advising（Academic Advising の出張デスク）では、学生会館と同様なサービスが実施されています。

　Learning Resource Center（図書館 10 階に独立）では、学部 1 年〜2 年生への学習指導を行っています。ノートのとり方、学習の進度等の基本的なスキル習得へのサポート及び補習も行っています。Learning Commons and Technical Support Desk では、3 交代制でライブラリアンと学生スタッフが常駐していて、総合的なサービスとコモンズの管理を行なっています。Reference & Research Assistance では、レファレンス・ライブラリアンが常駐していて、深夜まで学習・研究のサポート、PC コーナー関連の相談を受けています。諸々の個別相談は、小部屋で実施しています。Quiet Study Area: Learning Commons も勿論設置されています。

・米国大学図書館の蔵書基準（例）

　　① 基本蔵書 85,000 冊、② 専任教員 1 人あたり 100 冊、③ 在籍学生 1 人あたり 15 冊、④ 学部主専攻・副専攻科目 1 科目につき 350 冊、⑤ 修士課程専門科目 1 につき（博士課程なし）6,000 冊。修士課程専門科目 1 につき（博士課程あり）3,000 冊。6 年制専攻科目 1 につき 6,000 冊。博士専攻科目 1 につき 25,000 冊。

• **アメリカの Student Assistant（SA）制度**　日本の大学図書館は人件費の問題で、スタッフが専任から非常勤に移行しています。スタッフの確保という意味で、学生・大学院生のスタッフ導入を考えてほしいのです。アメリカの大学図書館は表 5-2 にあるとおり、多くの学生が図書館で働いています。是非、日本の大学図書館でも参考にしていただきたいと思います。

• **米国の大学図書館戦略**　アメリカの大学図書館における資金調達（ファウンド・レイジング）からまずは述べます。米国の個人寄付と philanthropy（慈善）では、2015 年実績、個人寄付：76.5％。財団：11.5％。法人：5.3％。遺贈：6.7％。寄付総額 21 兆 9,010 億円。税制優

表5-2　米国の主な州の図書館数・図書館スタッフ（人数と割合）

	図書館数	人数	図書館員	他の専門職	他のスタッフ	SA（学生）
全国	3,617館	93,590	26,469人 （28.3%）	6,795 （7.3）	36,350 （38.8）	23,976 （25.6）
カリフォルニア州	338館	9,231	2,264 （24.5）	785 （8.5）	3,846 （41.7）	2,337 （25.3）
アイダホ	12館	324	81 （25.0）	11 （3.4）	139 （43.1）	93 （28.6）
ニューヨーク	250館	8,218	2,459 （29.9）	831 （10.1）	2,952 （41.8）	1,976 （24.0）
オハイオ	154館	3,247	858 （26.4）	350 （10.1）	1,079 （33.2）	981 （30.2）
テキサス	196館	6,048	1,616 （26.7）	364 （6.0）	2,578 （42.6）	1,491 （24.6）
ワイオミング	9館	178	50 （27.8）	24 （13.2）	56 （31.2）	50 （27.8）

遇措置、連邦個人所得税法教育機関・教会・医療関係へ寄付、現金寄付/所得税から50%控除、長期保有資産（1年を超える資産）30%控除、短期保有資産（1年以下の資産）50%控除、州立大学図書館への州の補助金は1980年までは予算の50%が州税だったが、1980年以降予算の州税が20%になったので寄付金が必要となりました。

　資金調達担当者としては学長・図書館長・ライブラリアンが携わり、学長・図書館長の仕事の30～50%は、資金調達に当てられています。コーネル大学学長フランク・ローズ氏は「大学の資金調達とは、その機関の力量を決定づける活動」であると述べています。インディアナ大学ではフィランソロピーセンター資金調達大学院が設置されました。資金調達の専門職を育成することが目的です。それが、2004年より博士課程（PhD）レベルに昇格しています。毎年200人の卒業生がいて、非営利団体の運営者として入学して現場のスキルを上達させています。

　米国の学長・図書館長のほとんどが博士号を持っています。大学の図書館長は、「大学財務管理の経験者」「大学経営の専門職（アド

ミニストレーター）」「高度な教育研究支援スキル」「専門的サービス
の企画立案」のできるライブラリアンが多く、学長はその確保や育
成を求めています。

　図書館支援のために「友の会」（Library Friends）が、1925年ハー
バード大学で設置され、ニューヨーク大学に最初会員が提供したも
のは、財政支援、資料寄贈、ボランティア活動でした。図書館側が
提供するものとしては、図書館利用権、ニューズレター、図書館に
協力しているという誇りをもってもらっているのです。

　アドボカシー（Advocacy）活動はどのように行われているので
しょうか。米国のライブラリアンは、「専門分野の修士以上の学位」
「図書館情報学の修士あるいはそれ以上の学位」であり、教育研究支
援での専門職です。そしてライブラリアンは、教員職としても、各
自の専門分野や図書館学の授業を担当しています。学生は専門性の
高いライブラリアンに支えられ学習・研究を行い、卒業生は大学図
書館に対する深い感謝の念が生まれます。結果として、大学図書館
に寄付金が集まることになります。図書館員が、研鑽した専門性に
自信を持ち、それによって高度なサービスを行い、能ある鷹はおお
いに爪を見せて学生にアピールし、学生達に高い専門性を認識させ、
高度な専門性の高い質問や要求に応えていくのです。その結果図書
館に対する信頼を高めることで、予算の確保として卒業生からの、
寄付金の収集に繋がるのです。

　ハーバード大学図書館の壁に次のことがハーバードの学生？に
よって書かれています（日本の学生のためにあえて英語で参考）。

・Sleep now and a dream will come out; Study now and a dream will
come true. ・Today you wasted is tomorrow loser wanted. ・The earli-
est moment is when you think it's too late. ・Better do it today than
tomorrow. ・The pain of study is temporary; the pain of not study is
lifelong. ・You never lack time to study; you just lack the effort. ・
There might not be a ranking of happiness but there is surely a rank-
ing of success. ・Studying is just one little part of your life; loosing it
leads to loosing the whole life. ・Enjoy the pain if it's inevitable. ・

Waking up earlier and working out harder is the way to success.
・Nobody succeeds easily without complete self-control and strong perseverance.・Time passes by.・Today's slaver will drain into tomorrow's tear.・Study like a Dog; Play like a gentleman.・Stop walking today and you will have to run tomorrow.・A true realist is one who invests in future.・Education equals to income.・Today never comes back.・Even at this very moment your competitors keep reading.・No pain, No gain.

● Times Higher Education（THE）：世界大学ランキング　大学ランキング評価項目：「研究者評価40％」「企業の求人意欲10％」「外国籍の教員数5％」「留学生数5％」「学生一人あたりに対する教員数20％」「教員一人あたりの被引用文献数20％」です。これらに図書館が関わることはここまでの話から言うまでもないでしょう。

● インパクトファクター（Impact Factor）：インパクトファクターの計算式は「ある雑誌に掲載された論文が引用された総被引用数／ある雑誌が掲載した論文総数」です。（例）Journal Cell において、論文総数が1996年19,306本、1997年15,473本で、ある論文の総被引用数が1996年451回、1997年448回としたとき、Impact Factor ＝34779/899 ＝ 38.686。

● ブラッドフォードの法則　「どの分野も少数のコアージャーナルがあり、重要な論文は比較的少数のジャーナルでカバーされる。コアージャーナルを押さえておけば需要の50％を満たすことができる」という法則は、大学図書館の資料購入費の削減につながります。

【参考文献】
・「カリフォルニア大学バークレー校の図書館サービス」加藤好郎、現代の図書館、Vol.29、No.1、1991年
・「慶應義塾図書館（メディアセンター）における図書館員の国際交流」加藤好郎、大学図書館研究（59）、pp.40-49、2000年
・「アメリカの大学図書館における資金調達」梅澤貴典、情報の科学と技術、58（10）、pp.511-516、2008年
・『大学図書館経営論』加藤好郎、勁草書房、2011年
・『米国大学図書館のコモンズの実例集』Schader, Barbara、Chandos、2008年

第6章

図書館のよもやま話

📖 「図書館の自由」の事例集

「図書館の自由」とは、購入に対しての検閲もあってはならないことです。以下に 12 の事例を紹介してみます。

① 1939 年 ALA が「図書館の権利憲章」を宣言しました。その最初の定義は、「図書館は民主的な生き方を教育する一機関」です。この発端は、1929 年ノーベル賞作家のスタインベックの『怒りの葡萄』です。その内容は、資本経済主義者が、土地を買収し大量生産を始め農民を追い出し始め、このことによってアメリカの中部にいた農民は、西部に移動しその間に多くの農民家族が崩壊していくものでした。この小説を、図書館は購入してはいけない、その理由は一般の国民、市民に知られては困るからであるという運動が資本家達によって発生しました。そこで、ALA は立ち上がり権利憲章を宣言するのです。1948 年に「図書館の権利宣言」に名称が代わり、1980 年、大幅改定され「図書館は情報や思想のひろば」となります。日本図書館協会も同様の「権利宣言」声明を出し「図書館の自由」を守っています。

② 戦後の日本の焚書：米国の GHQ は、第二次世界大戦で日本に対して、思いのほか手こずったこともあり、日本研究を始めました。まさに日本に対しての焚書・禁書ですが、ほとんどの資料を研究のために米国本土に持ち帰りました。その一つが「プランゲ文庫」です。その内訳は、日本で発行された本、新聞、雑誌、教科書、ポスター、集会配布物等を、書籍 71,000 タイトル、雑誌 13,800 タイトル、新聞 18,000 タイトル、報道写真 10,000 枚、地図 640 枚、ポスター 90 枚、寄贈資料でした。現在、児童書・絵本を中心に上野の「国際子ども図書館」に戻ってきていますが、まさに焚書の時代があったのです。「没収指定図書目録（7,000 リスト）」を 1982

年に文部省教育局が復刻しました。現在も、米国議会図書館別館
の閲覧室で GHQ が没収した、段ボール一万個、マイクロフィル
ム 4,600 万枚等の複写作業をしています。

③ 差別問題：プライバシーと人権問題の代表が、「ピノキオ事件」で
す。当時の『ピノキオ』のなかに、めくら、びっこという言葉が使
われていることに対して、あるグループが抗議して、『ピノキオ』の
閲覧禁止を求めてきました。名古屋市の図書館長はそれに同意し
て閲覧できなくなったのです。このことへの市民からのクレーム
に対して、その要望に応えるために、1976 年 11 月 24 日に名古屋
市立図書館の三原則を作りました。[1]問題が発生した場合には、
職制判断によって処理することなく、全職員によって検討する。
[2]図書館員が、制約された状況の中で判断するのではなく、市民
の広範な意見を聞く。[3]とりわけ人権侵害にかかわる問題につい
ては、偏見と予断にとらわれないよう、問題の当事者の意見を聞
く。これらは多くの公共図書館での運用上の参考になっています。

④ 2001.9.11 後の PATRIOT Act と図書館：ニューヨークの世界貿易
センター、ワシントン DC 国防総省のビル等に旅客機 4 機がハイ
ジャックされ突入しました。実行犯のリーダー、モハメド・アタ
はフロリダ州の公共図書館でインターネット接続端末を利用して
仲間と連絡していたこともわかりました。そして、10 月 26 日愛
国者法（USA PATRIOT Act）をたった 6 週間で可決成立させたの
です。すぐにジョージ・ブッシュ大統領は、「事前に情報を得れ
ば、テロを事前に避けることができる」と述べ、連邦捜査局（FBI）
に対して、図書館利用者の資料閲覧や貸出記録、電子メールやウェ
ブページの閲覧履歴を図書館と図書館職員から入手する権限を与
えたのです。図書館側は、"Library is Free" と、プライバシーで
あると反発したが、結局、図書館員、FBI、弁護士の 3 者のもと
で一部の図書館で情報を提供することになりました。

⑤ 『現代用語の基礎知識 1978 年版（普及版）』に対して：1978 年 1
月 23 日「解放新聞」の内容について解放運動をタブー視している
と解放新聞側からクレームがつきました。近来にない侮辱的・差

別的文章であるとのことです。大田区教育長から書架からの引き上げが指示され、法政大学でも、大学当局と図書館長に公開質問状がありました。

⑥ 品川図書館の件：品川区立図書館に対して区議会議員からの蔵書リストの提出要求がありました。「社会科学関係の蔵書構成に偏向がある」「区立図書館の社会科学部門の蔵書目録を提出してもらいたい」。図書館長は「地域住民の信頼に応える立場から積極的に対処する」とし、目録は参考資料として提出するが、検閲ではないとし、住民に対して収集・選択基準を明らかにしました。区議と図書館長で懇談をして、「指摘に対して姿勢が示されたので一段落」となりました。

⑦ 愛知県立高校図書館における選書：「管理職の一方的介入による購入禁止となった図書リスト」を組合がマスコミに公表しました。(例) 家永三郎著「日本の歴史」、黒柳徹子著「窓際のトットちゃん」、早乙女勝元著「東京が燃えた日」は蔵書にしない。購入禁止理由は、著者がだめ、芸能人はだめ、戦争はだめ、女はだめ等というものでした。マスコミからの非難により、今後は、選定は係りに任せることになりました。千葉県の図書館にも同様のことが起こりました。

⑧ 図書館の寄贈・リクエストと収集の自由：韓国系新宗教団体系出版社が、発行する総合雑誌を公共図書館に寄贈しました。その際、その寄贈雑誌を目立つところに置くことを希望したのです。次に特定宗教関係の同一著書の著作物に購入をリクエストしてきた。もし、入手できない場合には、図書を寄贈するとの申し出がありました。寄贈についても公共図書館は慎重に対処しなければなりません。

⑨ 山口県立図書館図書抜き取り放置事件：1973 年 8 月、県立図書館新築開館に県知事を招待しました。図書館幹部職員は、当日、社会主義運動、教科書問題、反戦平和運動等、50 冊を書架から外したのです。広島県立図書館でも 1977 年同様の事件がありました。

⑩ 長野県立図書館「ちびくろサンボ」廃棄：1990 年 10 月 24 日、部

落解放同盟長野県協議会が「人種差別撤廃に向けての申し入れ書」を提出。1990年10月31日教育委員会各図書館等に「人種差別にかかわる『ちびくろサンボ』廃棄」（依頼）がありました。市立図書館は、OPACからデータを除き、資料は保存書庫へ移動しました。長野市は廃棄と処分について行き過ぎと一部撤回を申し出ました。その結果、市立図書館は「データを戻し、閲覧には供するが公開書架にはださない」としました。図書館の自由に関する長野県の調査委員会は「サンボは相応しくない認識を持っている。図書館は教育機関としての独自である面と、市の組織の一部であるという二面性を持っている」と述べています。図書館のプライドは？どこにあるのでしょう。

　『ちびくろサンボ』は、英国のヘレン・バンナーマン女史が著者で、1899年が初版です。1988年7月22日米国「ワシントンポスト」紙に、日本の黒人キャラクター商品（だっこちゃん）への批判記事がでました。さらに、米国黒人議員連盟から日本の首相宛に抗議文書が届きました。岩波書店は、児童図書『ちびくろサンボ』を絶版にしました。米国の60年代、70年代の反黒人差別運動において「サンボ」は人種差別図書とみなされ、追放、廃棄が叫ばれました。童話作家の立原えりか氏は「サンボという言葉に差別があるなら、その事実を子ども達にのこすためにも、この本をなくしてはいけない」と述べ、1999（平成11）年に径書房から『ちびくろサンボよ、すこやかによみがえれ』が出版されました。その後、『ちびくろサンボ』は2005（平成17）年、瑞雲舎から出版されました。

⑪「はだしのゲン」閲覧制限される：2012年12月、2013年2月に松江市教育委員会が、松江市内の小中学校に要請しました。理由は、旧日本軍の描写の一部分が過激で不適切と判断。例えば、アジアの人の首を面白半分に切り落とす、妊婦の腹を切り裂いて、中の赤ん坊を引っ張り出す、女性を惨殺する等です。一方、広島の被爆シーンの描写こそが原爆の惨禍の実相を伝えてきました。被爆者の高齢化のなか「はだしのゲン」が貴重な作品でもあると

の全国的な発言がありました。2013 年 8 月 26 日、「はだしのゲン」閲覧制限は撤回されました。2016 年 5 月 27 日には、米国オバマ大統領が被爆地・広島を訪問した。「謝罪はしない。核兵器削減の必要性」と述べて、被爆者との対面をはたしました。作家の中沢啓治さんは、「米国大統領バラク・オバマ & 家族の皆さま」という手紙を送っていました。

⑫『アンネの日記』破られる：2014 年、図書館（都内 288 冊）含む書店、トータル 308 冊の書籍を狙った Vandalism（破壊行為）で、図書が破られたものです。醜悪で非道な事件で、類似手口が拡大しました。在日イスラエル大使館は、300 冊を被害図書図書館に送りました。関連図書である、杉原千畝、「知の遺産」に対する蛮行もあり、警視庁はテロの可能性も含めて器物損壊事件として捜査に入りました。日本の右翼化への不安もありましたが、犯人は日本人で精神鑑定の結果、心神喪失とされ不起訴となりました。因みに、この時点で、公共図書館（約 3,200 館）で年間の紛失本 28 万 4 千冊、1 館平均 88 冊。切り取り、マーカー、延滞本があり、図書館は聖域ではないことが明らかです。

【参考文献】

・文部省社会教育局編『連合国軍総司令部指令没収指定図書総目録』今日の話題社、1982 年
・「澤龍編著 GHQ に没収された本：総目録」、サワズ出版、2005 年
・『大学図書館経営論』加藤好郎、勁草書房、2011 年
・「日本大学文理学部図書館サービス概論」テキスト、加藤好郎、2020 年
・「大妻女子大学図書館概論」テキスト、加藤好郎、2020 年

📖 国立国会図書館の初の配信実験

　国立国会図書館の蔵書から、電子書籍化して民間の電子書店から初の無料配信が、2013 年 2 月 1 日から 3 月 3 日まで行われました。電子書籍化は、大日本印刷が配信、電子書店は、紀伊國屋（無料ソフトをダウンロードして会員登録）が行いました。

　配信対象は次の 13 作品でした。① 浪花秃箒子著・石川豊信画「絵本江戸紫」(1765) 江戸中期、女性ファッションと当時の道徳感。住吉内記写「平治物語絵巻第一軸」、② 住吉内記写「平治物語絵巻第一軸」(1798) 平治の乱の顛末、③ グリム著・上田万年訳「おほかみ」(1889) グリム童話翻訳初期作品、④ 竹久夢二「コドモのスケッチ帖」(1912) 大正ロマンの代表的存在、⑤ 芥川龍之介「羅生門」(1917) 一般的には「下人の行方は、だれも知らない」で終わっているが、初版では「下人はすでに雨をおかして京都の町へ強盗を働きに急いでいた」で終わっている、⑥ 同「河童」(1927)、⑦ 酒井潔「エロエロ草紙」(1930) 戦前の発禁本、⑧ 柳田國男「遠野物語」(1910) 遠野町に伝わる口承説話。自費出版 350 部、⑨ 夏目漱石「硝子戸の中」(1915) 初版と新聞は「硝子戸の中（なか）」。現在のテキストでは「硝子戸の中（うち）」となっています、⑩ 永井荷風「腕くらべ」(1918)「墨東綺譚」の芸者駒代を中心に描く、大正モダンです、⑪ 宮澤賢治「春と修羅」(1924)「わたくしという現象は、仮定された有機交流電燈の、ひとつの青い照明です」で始まっています、⑫ 同「四又の百合」(1948)、⑬ 写真絵本「きしゃでんしゃ」(1953)。

【参考文献】

・国立国会図書館配信実験　2013 年 2 月 1 日〜3 月 3 日

📖 美しく資料を扱うには

　本は利用すればするほど時間とともに少しずつ傷んでいきます。次のように本を大事にする気持をもってもらいたいのです。

　① 書架から資料を取り出すとき、背の一番上の部分に指を引っ掛けて、引っ張り出してはいけない。② 隣接する両側の資料の背を軽く後ろへ押し、背の中央部分をつかみ両手を用いて引き出す。他の資料が落ちないように注意。③ 濡れた手や指、あるいは汚れた手や指で、資料に触ってはいけない。④ 書き込みをしてはいけない。⑤ 開いている場合でも、閉じている場合でも資料の上でノートをとっ

たりしてはいけない。⑥ 目印として、頁の角を折ったり、鉛筆など
の厚みのあるものを頁の間に挟んだりしてはいけない。⑦ 資料を開
いた状態に保つため、他の資料で押さえてはいけない。⑧ 本の「の
ど」の部分を無理に広げすぎてはいけない。⑨ 資料を開いたまま、
伏せては置いてはいけない。⑩ 落としたりする危険があり、余計な
重さがかかるので、資料を何冊も積み上げてはいけない。⑪ 資料を
机の上で滑らせてはいけない。⑫ 開いた頁の上に重い物を載せては
いけない。⑬ 後に錆付いてしまうクリップやホッチキスなどを使
用してはいけない。⑭ 酸性化しやすい新聞の切り抜きを、頁の間に
挟んではいけない。⑮ 頁を繰るときに、めくりやすいように指を唾
で湿らせて、めくってはいけない。⑯ 二本の指を使って頁の端をつ
まんで静かにめくることをせず、親指で頁の表面をたぐるようにし
て乱暴にめくってはいけない。⑰ 飲食・喫煙しながら閲覧してはい
けない。飲料が頁に付着したり、食べ物を頁にこぼしたり、煙草の
灰が頁に挟まったりする。⑱ 借り出した資料を、長時間、直射日光
にさらし、雨風の被害を受けやすいところに放置してはいけない。
⑲ 雨の日に貸出し中の図書を返却するために、図書館まで持ち運ぶ
際、あるいは貸出し手続きをして退館する際、それらの資料が濡れ
ることがないように、鞄などに入れて雨を避けなければならない。
以上のことがあげられます。

【参考文献】
・『図書館資料論』平野英俊編著、樹村房、2007 年
・「大妻女子大学 図書館情報資源概論」テキスト、加藤好郎、2020 年

📖 図書の老化と除籍

　図書の老化（Obsolescence）現象とは、新刊図書の貸出頻度は高
いが出版年が過去のものになればなるほど、貸出頻度が下がってく
ることです。次に統計（図 6-1）があるように、社会や文化の変化
に応じて過去の図書の必要性が生じることもあります。図書が古く
なり、貸出率が減じたことが、除籍には必ずしもつながらないこと

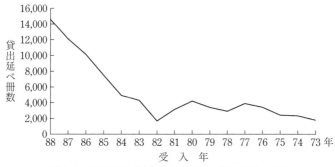

図 6-1　出版年別（受け入れ年別）の貸出回数の変遷

を知らなければいけません。勿論、大学図書館ではなおさらです。

　S. スロート（Stanley J. Slote）は除籍賛成論で、なぜ図書館員は、除籍に消極的かについて次の通り述べています。① 蔵書数が多いほど良いと思われています。しかし、蔵書の多い図書館が必ずしも良い図書館とはいえません。公共図書館の運営で本当に大切なのは、一定の資源を用いてどれだけ水準の高いサービスを行なっているかということです。蔵書数を増やそうとして、不用になった資料や内容が古くなった資料を書架に詰め込んでおくと必要な資料が見つけにくくなり、その分野の蔵書全体がみすぼらしくなり蔵書全体に不信感をもたれます。② 除籍作業が大変です。除籍作業は負担が多いですが書庫スペースの確保は、蔵書の魅力を保つという意味で、重要な業務です。③ 住民が不満を持ちます。住民の財産が安易に捨てられてしまうと感じるからです。資料は新しく購入しなければなりません。古くなった資料をすべて自館に残しておく必要はなく、他館からの取り寄せで運用できます。④ 本を神聖視する気持ちが図書館員にあります。本は人類の知の記録、文字で書かれた文化遺産という言葉に代表されます。一方で、図書は使われてこそ価値があります。市町村立図書館では古ぼけて利用が少なくなった資料は除籍すべきです。それらの保存は都道府県立図書館の役割です。⑥ いろいろな基準がぶつかり合います。公共図書館にとって除籍は、図書館活動を続ける限り必要な業務で、選書基準を作ると同時に除籍基

準も不可欠です。その業務ができる図書館員が必要なのです。

　一方、シーガル（Joseph P. Segal）の除籍に対する反対論5項目は、次の通り除籍に反対する人たちの意見を反映しています。① 私は利用者に広い選択の幅を与えることに誇りを持っている。さらにシステムの加盟館として止まるために多くの蔵書数を必要としている。② もし私がこの本を処分したら、明日その本を求めて誰かがくるのを経験上知っている。ところで、この古い本は貴重書で価値がありしかも初版本ですよ。③ もしある本をそれが利用されなかったという理由で除籍すれば、私がその本を選択したこと自体間違っていたわけで、それは公に許されないことではないか？④ 除籍は公共財産の無責任な破壊ではないか？⑤ この主題に関して何冊かが必要である。またわれわれは学生が殺到する場合に備えてすべての複本が必要なのです。

【参考文献】
・『図書館サービス概論』宮部頼子編集、樹村房、2012 年
・「大妻女子大学情報資源概論」テキスト、加藤好郎、2020 年

📖 ユニークで特徴ある図書館

　① 岩手県紫波町図書館：農業関連の書籍が充実。併設する産地直売所に野菜の料理本を紹介するパネルを置いたり、農家との交流会を開いたりして農家支援も。館内では BGM が流れています。② 東京都荒川区立図書館「ゆいの森あらかわ」：絵本館や屋内遊びを備えた子ども施設、荒川区出身の作家・吉村昭の複合施設として 2017 年 3 月に開館。③ 東京都立多摩図書館：約 1 万 7,000 の雑誌を集めた「東京マガジンバンク」を開設。各雑誌の創刊号をそろえた「創刊号コレクション」は人気です。④ 東京都武蔵野市立図書館：2011 年に地上 4 階・地下 3 階の複合施設「武蔵野プレイス」に図書館を建て替え。地下 2 階に青少年フロアーに雑誌、ライトノベル。10 代以下のラウンジを設置してゲーム、おしゃべり。ボルダリング用の人工壁や、音楽やダンスができるスタジオが 4 つあります。⑤ 横浜市立

港北図書館：住民が地域に眠っていた昔話を掘り起こし、紙芝居にして上演する活動に協力。これまでに45作品が作られ、図書館や保育園で上演。⑥岐阜市立中央図書館：世界的に著名な建築家・伊東豊雄さんデザインの複合施設の中核。館内は「私語厳禁」ではなく、会話が可能。カフェ併設で、ドリンクを持ち込めます。⑦鹿児島県出水市立図書館：交通手段がなかったり、体調が悪かったりする高齢者らに本を宅配するサービスを2014年から開始。見守り機能も果たしています。図書館を活用した地域振興事業や、図書館を核とした街づくりを地方創生に向けた図書館でもあり、方版の総合戦略に盛り込まれています。⑧「書物の森に誘われるような図書館」として宮城県立図書館110万冊。国際教養大学中嶋図書館8万冊（24時間、365日開館）。⑨「歴史の香りに包まれるような図書館」として、洲本市洲本図書館24万冊（昔のレンガを残したままの遺跡そのまま）。甲良東小学校の64メートルの廊下が図書館に（昭和8年落成、平成4年取り壊し、平成11年図書館建築）。⑩「本と出会う新たな形を示した図書館」として京都府立植物園の一画にある屋外図書館「きのこ文庫」。

【参考文献】

・「大妻女子大学　情報資源概論」テキスト、加藤好郎、2020年

📖 国境なき図書館

　ここではゲーツ氏が発表した「図書館が成り立つための8つの社会的条件」（Gates, Jean Key "Introduction to Librarianship" 1990）。

　①政治的・文化的な成熟度をもった社会。②個々人が文化的・知的活動を行っている社会。③知的創造活動・学術的活動が活発な社会。④一般市民の知的水準を重視される社会。⑤記録された資料に依拠する学習活動が重視される社会。⑥図書館利用を促進する文化的で知的関心の高い人が居住する社会。⑦経済的に繁栄していて社会貢献を行える余裕のある社会。⑧政治や経済が情報と知識の広範な利用に依存している社会。

　確かに、上記の8条件を満たす社会は、成熟した社会、すなわち社会の知的能力（社会能力）の高い社会では成り立ちます。

　しかし、同時に、私の場合、テキストや講義の中で「8つの社会的条件」が一人歩きする危険性があることを必ず伝えます。つまり、「政治的・文化的な成熟度を持たない社会」では図書館がいらないことになってしまうからです。図書館とは、これから社会を成熟するために必要なものなのです。

　フランス生まれのフランスのパリに本部を置く非政府組織（NGO：Non-Governmental Organization）「国境なき図書館」が、被災地、難民キャンプに、移動図書館で文化と隔絶された場所に「本」を届けることを始めました。難民キャンプに難民一人が滞在する年数は、平均17年。食料と衣類、寝る場所の確保は優先されるが、文化との接触がなく、子どもとしての成長あるいは人間としての尊厳が保てません。インターネットの時代に、図書館の役割も大きく変わりました。「国境なき図書館」の創設者はパトリック・ヴェイユ。デザイナーのフィリップ・スタルクが、4つの"アイディア・ボックス"を作りました（図6-2）。「緑のボックス」は、インターネット用のパソコン、タブレット端末、GPS等のデジタル情報機器。「黄色のボッ

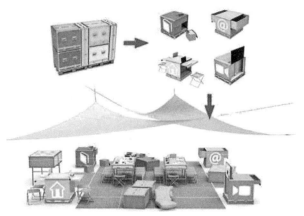

図6-2　「国境なき図書館」と4つの「アイディア・ボックス」
［Library Without Border WEB サイト］

クス」は、ネットとつながるのに必要なハードウェア部分。「オレンジのボックス」は、本250冊、ゲームと、DVD.「青のボックス」は、映画、ビデオ上映のための機器。映写機、発電機。総重量約800キロです。

• 移動図書館の未来形　世界各地で約50のアイディア・ボックスが展開されています。移動図書館として広報担当セシル・ジェノは「私たちの強みは、現地で活躍するほかの団体と協力して、アラビア語が必要とか、ペルシャ語が必要とか、現地の要望に合ったコンテンツを提供できること。アイディア・ボックスの成功を受けて、秋までにその数を90までに増やす予定である」と述べました。この「国境なき図書館」はWISE（World Innovation Summit for Education、国際教育改革サミット）受賞を受けました。NGOは市と協力しながら、アイディア・ボックスを低収入の住民が集まる地域などに設置して、活躍の場を広げています。

【参考文献】

・「国境なき図書館と国際キャンペーン『緊急時の読書』」鎌倉幸子、カレントアウェアネス、No.318、pp.20-24、2013年12月

📖 図書館の読書犬

　図書館の読書犬は、フィンランドのヘルシンキのトーロ図書館にいます（図6-3）。2016年には、ヘルシンキの人口の36%が公共図書館を利用しています。子どもたちの公共図書館や小中学校の図書館の利用においては、あらゆる本が置いてあるわけではありません。クラスで使う同じ本が人数分揃えていることが多いからです。子どもたちは、放課後になると地元の公共図書館に出かけます。本の専門家がいて読書相談ができるのです。担任の先生が、クラスの児童を全員つれて図書館で授業をし、本探しをします。読書犬とは、人が読書するのを「聞く」犬のことです。「小学校の先生たちは自分のクラスの子どもたちを連れて気軽に図書館を利用している。自然と図書館スタッフと話をすることも多くなり、その中で朗読や読書が

図6-3　トーロ図書館の読書犬〔© Maarit Hohteri/City of Helsinki〕

苦手な子どもたちに何かできないかという話になった」と言います。図書館は SNS を使って読み聞かせを聞いてくれそうな犬を募集しました。面接に5匹がやってきて全員合格。小学校からは読書犬が必要と判断された子どもたちが、授業の一環としてやってくる。図書館のスタッフが事前に本を何冊か用意し、子どもはその中から1冊選んで、読書犬が待っている部屋へ行きます。そこには読書犬と飼い主がいます。約15分朗読をし、犬はじっと子どもの声に耳を傾けています。

　以下は読書犬と共に過ごした人々の声です。

　「人前でうまく読めないからと本を遠ざけてしまうと、本と出合うことがないまま大きくなってしまう。子どもというのは残酷で、少し朗読が下手な子がいるとそれを笑い、バカにすることもありますが、犬は、じっと聞いていてくれる。たどたどしく読んだとしても、じっと聞き続けてくれる。それが子どもたちの励みになる」「字を読むことが苦痛な子は、読書犬に、絵の説明をし、絵本の絵から自由に物語を作って話をすることから始めてもいい。就学前でも文字を読むのが大好きな子が読書犬に朗読しにくる子もいる。犬を飼いたくても飼えない子が放課後に、大人たちが仕事帰りに利用することもある」「本を手にすることが習慣になり、本を読む愉しみを覚える。自分の疑問、自分の好奇心、自分の悩みに応えてくれる本のあ

る暮らしが日常になっていく」。

📖 公文書館と図書館

「文書館」の歴史は、ヨーロッパでは王や貴族が権利・権限を主張する上で欠かせないものとして「アーカイブ」を設置したことに始まります。フランス革命では権力者の文書・記録を、市民の権利に関わるものとして公開するシステムが導入され、近代的な文書館制度が成立しました。

日本では、2011年4月「公文書管理法」が成立しました。公文書とは「健全な民主主義の根幹を支える国民共有の知的資源」「主権者である国民が主体的に利用し得るもの」のことです。文書に対する認識不足が次の千葉県の例です。千葉県文書館で収蔵公文書1万点以上が廃棄されました。原因は、県の公文書管理規則改定に伴う混乱によるものです。また、安倍首相「桜を見る会」も同様です。今後の文書記録管理については、「自然災害や過疎化が懸念される中、民間に残される貴重な文書を守り伝える必要性。不適切な廃棄・隠滅などを防ぎ、国民の知的資源として保存活用する体制の整備」が求められています。

歴史を遡ってみると、1971年国立公文書館開設（National Archives of Japan）。1998年分館を筑波に設置。2001年 独立行政法人化となっています。利用者は年間約4,500人。内容は江戸時代の古文書・公文書（133万冊）、憲法、条約の原本、行政文書等。2009年公文書館法成立、2011年公文書館法施行と進み、2013年公文書管理推進議員懇談会が設立されました。その中での特筆点は、① 憲法など国の統治機構の成り立ちに関する文書の公開、② 尖閣諸島、竹島の日本の主張を裏付ける文書の公開、③ 五箇条の御誓文、日本国憲法、終戦の詔書（原本）の公開、④ 特定秘密保護法案成立後、防衛秘密が実施される）などです。2017年に国立公文書館新館オープン予定でしたが、その後2026年にずれこんでいます。

日本のアーキビスト育成の歴史は、文部省史料館（現・国文学研

究資料館）の研修から始まります。1987年公文書館法成立以降、資格制度を議論する中で、日本アーカイブス協会は、2012年から学会による認定制度を開始しました。日本のアーキビストの状況では、2014年予算で新館建設の調査検討費4,700万円、国立公文書館の職員は160人（アーキビスト47人、非常勤113人）です。修復士（Conservator）の役割も重要であり、後世への説明責任を果たすことが目的です。

　現在の、世界の国立公文書館の職員数は、米国立公文書記録管理院（NARA：National Archives and Records Administration）が、2,500人、ドイツ800人、英国600人、中国560人、フランス440人、マレーシア440人、韓国300人、ベトナム270人、日本40人です。因みに蔵書数を比較するとアメリカ2,660万冊、日本133万冊です。

【参考文献】
・『図書館制度・経営論』糸賀雅児・薬袋秀樹編集、樹村房、2013年
・『図書館サービス概論』宮部頼子編集、樹村房、2012年

📖 地方議会図書室の存在

　昭和22年地方自治法の一部を改正する法律の議論では、地方議会図書室について次のように述べられています。

　「地方公共団体の意思機関であるにもかかわらず、従来とかく注目されなかった地方議会の積極的活動と円滑な運営を期することは、新しい地方自治の健全な発展を期する上において特に必要でありますので、この点に関し、地方自治法の規定をさらに補足する必要があると存じられるのであります。今後地方議会の議員は、条例の制定等について、積極的活動を行うことがいよいよ多くなってくるであろうと予想されますので、そのための調査研究を行い議員としての識見を養うことは、議員として当然の責務であります。また議会と執行機関との関係におきまして、特に多くの問題を捲き起こすものは、予算の議決に関する事項であります。よって政府は、地方議会に対し、官報及び政府の刊行物を地方公共団体の議会に送付し、

図書室を必ず設置しなければならないこととしました」。

　また、「知事、市町村長の発案権を侵害しない限り、地方議会は予算の増額の修正をすることを妨げない」旨の規定を設けたのです。地方自治法第 100 条第 17 項には、政府は、都道府県の議会に官報及び政府の刊行物を、市町村の議会に官報及び市町村に特に関係があると認める政府の刊行物を送付しなければならないとしています。第 18 項には、都道府県は、当該都道府県の区域内の市町村の議会及び他の都道府県の議会に、公報及び適当と認める刊行物を送付しなければならない。第 19 項には、議会は、議員の調査研究に資するため、図書室を附置し前二項の規定により送付を受けた官報、公報及び刊行物を保管して置かなければならないとあります。第 20 項には、前項の図書室は、一般にこれを利用させることができるとあります。

　地方議会図書館の図書室の役割は、地方議会に議会図書室の設置を義務付けることそのものです。それは立法機関である議会が、条例の制定や行政監視を行うには、執行部から独立した情報源が必要だからです。地方分権の時代に自治体の質を高めるには、議会の審議の質を高めることが重要です。議会図書室を通じて得た豊富な情報を活用してはじめて、議会は執行部への「対抗軸」を形成することができます。県議会をはじめ公開の場での政策論議を重視する姿勢は、議会図書室の整備にもつながりました。2006 年の三重県議会を筆頭に 16 道府県で議会基本条例が制定され、その多くが議会図書室の整備充実が謳われています。38 の都道府県議会図書室の現状では、職員数、平均 3.5 人（常駐 1 ～ 2 人）、司書資格 0.9 人です。議会図書室は、議会事務局の調査担当課（企画法務課、政策調査課、議事調査課等）に併設され、職員は兼務が多いです。蔵書冊数は平均 28,000 冊、資料購入費は 142 万円。1 日当たりの利用者数は平均 14.6 人。議会図書室の司書の業務は次の通りです。① レファレンスサービス、② 外部情報源の活用、③ 広報・利用促進という議会図書室の主要課題を取り上げ、各図書室の事例比較、④ 議員からの即時対応、⑤ 資料・情報を議員指定の書式に加工、⑥ 議会の審議案件や

議会運営の支援、⑦ 実務に関する基礎知識を身につける、⑧ 図書室以外にも業務に少しずつ携わる。

　議会図書室の役割を理解して行動する司書がいれば、住民自治の視点で議会サービスを支える公共図書館がある限り、議会図書室は活性化します。米国の "informed citizen" では、国民が自分で判断できるだけの情報を提供する必要があると主張しています。

　「情報を積んだ市民は、政治、地質学、社会学、環境、経済のさまざまな側面がどのように普及しているのか、それらにどのように影響を与えるかを知っているか、または模索している市民です。あなたが選出されたあるいは非選出の指導者と代表者が誰であるか、彼らの政策と信念は何か、職務はどのように、またそのオフィサーが私たちの生活のさまざまな側面に影響を与えているかを知ることは良いことである。あなたの役割が市民としてどのようなものであり、どのように達成できるかを知ることは重要である。現在の国民の関心事を認識し、それについて多少の知識がある市民。そのような問題の例は次のとおりである。政治的（例えば、現在の米国大統領選で議論されているまたは無視されている問題）、道徳的（中絶、同性愛者の組合）、社会学（ジェンダー問題）、科学的（気候変動）、または他の多くの問題のいずれかを含む。情報を積んだ市民であることは仕事を必要としますが、国民が政治的意思決定に影響を及ぼすことができる民主主義においては、それは重要かつ価値ある作業である」。

【参考文献】

・「地方議会図書室に明日はあるか：都道府県議会図書室を例に」塚田洋、カレントアウェアネス、No.316、pp.6-9、2013 年 6 月

📖 海外図書館留学こぼれ話

　50 年前、初めてスコットランドのエディンバラへ短期語学留学をしました。当時日本人はほとんどいない、パブに行くと "ジャップ" といわれる時代でした。

　寂しさと孤独感を支えてくれたのは、授業を受けることよりも、図書館を利用することと、寄宿舎の食堂、そして寄宿舎の近くにあった安くて、旨くて、気楽に入ることができたチャイニーズレストランでした。エディンバラ大学図書館の、図書館員とは、仕事よりも、世間話、日本の事などのよもやま話を気楽に話していました。しかも、地下1階には食事ができるパブがありました。米国の大学図書館でも軽食が摂れる場所があります。日本では、「本」が汚される、匂いがするなどの理由で食事は禁じられています。軽食用のスペースも用意されていません。日本の学生はお腹がへると、大学図書館から出て食事を済ませ戻りますが、やはり時間を取られてしまいます。欧米の大学図書館のようであれば、サンドイッチとコーヒーを15分で済ませ、すぐに勉強に戻れるのです。学生への教育効果も高いです。

　カリフォルニア大学バークレー校には、大きなメインライブラリーと貴重書図書館、学部生用図書館、サブジェクトごとのブランチ・ライブラリーがあり全部で23の図書館があります。因みに、私の仕事場は「ソーシャル・サイエンス・ライブラリー」の2階でした。全体の図書館長である、ローゼンソウー館長は、毎週金曜日の午前中レファレンス・カウンターに出て利用者へのサービスを行っていました。州立大学ですので、一般の市民も利用できる図書館です。館長は、忙しいなか「利用者を待たせていないか、君たち（レファレンス・ライブラリアン）が困ったことはないか、いつも対応ができているか」と確認し、「僕の背中を見て育ってくれ」が口癖でした。多くの図書館員は図書館長になると管理・運営の方に気持ちがシフトしてしまいます。そのことも理解できますが、1週間のうち3時間でいいから、現場で利用者・図書館員の様子を見守ることは必須だと考えています。でも、実は、現場のレファレンス・ライブラリアンは、金曜日の午前中は"魔の金曜日"と語っていたのが面白いです。

　毎年12月15日はメインライブラリーの一階で、「クリスマス・パーティー」をします。すべてのブランチから、ライブラリアンが

集まってきて約2時間「飲み会」です。久しぶりの顔・顔・顔である。グラス片手の立ち話（チット・チャット）に大いに盛り上がります。何しろ図書館員が明るいのです。バークレーの明るい楽しい雰囲気の中で、図書館員はのびのび仕事をしているのです。

【参考文献】

・「カリフォルニア大学バークレー校の図書館サービス」加藤好郎、現代の図書館、Vol.29 No.1、1991年

📖 日本の大学教育に一言

　日本の大学生の宗教観はどうなのでしょうか。世界の人口70億人、宗教は22億人がキリスト教、それ以外が16億人（イスラム教9億人、仏教5億人）です。科学の怖さは数値優先であることです。人間が高齢化し肉体的に劣るとなると価値がなくなるように考えやすいです。しかし、人間の経験は高齢化すればするほど、心の中でその人の価値は高くなっていきます。宗教への考え方も明確化しています。戦後、日本の一般の大学では、あまり宗教を教えなくなりました。したがって、今の学生たちは、宗教の意味がわからないことから、オウム真理教のような宗教に心がとらわれる危険性があると思われます。

　輿論（よろん）と世論（せろん）という言葉があります。大学生にはその違いをしっかり理解していて欲しいものです。輿論は、議論に基づいた意見で、「政治家は輿論の意見に耳を傾けよ」と肯定的な使い方をしてます。世論は、一般の感情と国民の感情から出た意見で「浮ついた世論に流されてはいけない」と否定的な立場です。明治の知識人たちは、「輿論は天下の公論」として尊重すべきとしています。「世論は外道の言論・悪論」として受け流せ、です。「輿論」は、正確な知識・情報をもとにして、議論と吟味を経て練り上げるべきもので、「世論」は、情緒的な感覚、日本語でいえば「空気」です。情緒的な感覚意見でしかない「世論」が、議論と吟味を経て練り上げられた「輿論」であるかのように重視され、世の中を動かす

ようになってしまいました。戦後、当用漢字から「輿」が外されています。

　このことは、「権理」と「権利」も同様です。権理は理性を持った人たちに「権理」があり、今の「権利」は利益・財産が強い人に「権利」があると塗り替えられました。普通選挙法に代表される民主主義の進展やマスメディアの登場は、大衆が公共の問題に関わることを促し、その必然として輿論の世論化をもたらしました。19世紀の市民社会が培った少数の知識人が先導する輿論形成システムは、20世紀の大衆社会においては、大衆の参加感覚や共感により生み出される情緒的な世論形成システムに取ってかわられつつあります。「輿論」と「世論」の使い分けを考える上での「世論」でワクワク楽しく感動的なニュースとして、快楽に直接響くので、ついつい追い掛けまわしてしまいます。面白くないが考えさせられる、「輿論」につながるタメになるニュースは、即時効果がないゆえに、後回しにされがちです。その感度を「教養」と呼びます。「教養」とは、「対話が可能な知識と余裕」であり、「輿論」を担う能力でもあります。「輿論」と「世論」を使い分ける努力が必要です。

　日本学生支援機構によると、2017年に海外留学は10万人を突破しました。（留学 Study abroad, Study oversea、短期留学 Short-term program、交換留学生 Exchange student、国費外国人留学制度 Japanese Government Scholarships）。留学という語の起源を考えると、遣隋使、遣唐使に行き着きます。「留学生（るがくせい）」は『続日本紀』には、吉備真備について「使に従ひて唐（もろこし）に入り、留学（るがく）して業を受く」と記されています。西周は津田真道、榎本武揚らとともに1862年オランダに留学し、西は、ライデン大学教授フィッセリングから、自然法、国際法、国法学、経済学、統計学をオランダ語で学び、筆記しましたが、それは国家的使命を帯びていたからです。フィッセリングは講義の最後に「私が最初に抱いた心配はたちまち消え、私たちの間には真の愛情が生まれました。それは私にとって生涯の素晴らしい思い出になるでしょう」と述べたといいます。

　大学透明化への統括指針たる、ガバナンスコードですが「組織運営の透明性を高めることを目的に、運営の基本方針や幹部の権限、危機管理の体制、財務状況の公表などを定めた方針です。金融庁と東京証券取引所は上場企業向けに、スポーツ庁は国内のスポーツ団体向けに、それぞれコードを策定しています」。多額の学費を払って大学に通っても、これからの社会で必要な語学や情報処理などの能力が十分身についていない学生も多いです。大学の卒業生の多くは企業に就職し、日本社会を支えていきます。時代の変化に対応できる人材を育てていくためには、大学の組織運営や教育内容について、図書館を含めた運営側の意識変革が欠かせません。学生や保護者、地域や行政など、大学を支える人や組織に届くように意識し、発言しているか疑問に感じます。少子化が進み、大学経営が厳しさを増す中で、生き残りの道はその周りにポイントがあるように思えてならないのです。

　ガバナンスコードでは、日本私立大学連盟（慶應、早稲田など125校）が「積極的な情報公開」など8項目の順守原則を設定し、各大学が取り組み状況を連盟に報告しています。また学費以外に収入を多様化し、財政の安定を図っています。内部監査室の整備や内部監査に関する規定の整備については、国立大学協会（東大、京大など86校）は、2018年6月に骨子公表、2019年度中に作成しました。日本私立大学連盟（帝京大、近畿大など404校）が、「自主・自立性の尊重」など5項目の原則を設定した。学校法人の財政安定化策や入学者確保策などを盛り込んだ中期計画を策定しています。ハラスメントや研究費不正など不祥事防止に取り組むのです。公立大学協会（首都大学東京、横浜巾立大学など93校）は、2019年5月頃の策定を目指して論議を開始していました。

　教育先進国の三条件をみていきましょう。① 教育費の負担は、家庭か国か。欧州は100％が国、日本の大学は、31％が国で、69％が家庭。② 学力の向上とは、競争か自己目標達成かなのか。自己目標達成が学力を向上させるといわれています。学校教育の学問・研究の知識だけでは「人格」はできず、学校教育＋社会教育で「人格」

ができます。社会教育とは「『生きる力』を具体化する」ことです。生涯教育の中心である公共図書館は、社会教育のための責任は大きいです。義務教育内容については、海外の教育内容と肩を並べるために、文部科学省の教育政策の責任はもっと大きいのです。③ 大学教育の充実。現代は、リカレントの時代であり、経済協力開発機構：OECD（Organization for Economic Co-operation and Development）の調査によると世界の大学で、25 歳以上の学生が 18.1％。一方の日本では、25 歳以上は 1.9％です。UCB（カリフォルニア 大学バークレー校）の学生の平均年齢は留学生も含めて 32 歳です。

　貧富の差が教育に影響する日本の現状では、経済格差と教育効果との切り離しを急がなければなりません。

【参考文献】

・『輿論と世論：日本的民意の系譜学』佐藤卓己、新潮社、2008 年
・「特集 日本人学生のための留学支援」『留学交流』2017 年 11 月号

第7章

図書館の運営管理

📖 公共図書館の50原則

　公共図書館の運営・管理の基本となる事項を列挙すると以下となります。

① 国と地方の関係、地方自治制度（州・県・市町村等）について：国税、地方税、国債、地方債、地方交付金、国庫支出金が地方自治の収入源である（表7-1）。第1セクターは公共部門、第2セクターは民間部門、第3セクターは公共民間部門である。第3セクターへの行政の出資率は51.8%、社団法人・財団法人は67.9%、会社法法人は45.1%である。第3セクターの例として「道の駅」「まちづくり公社」「まちづくり会社」「農業振興公社」「ふるさと公社」がある。② 地方制度の段階（層構造）と公共図書館のネットワークについて：知事、教育長、教育委員会との関係。③ 公共図書館の設置・運営に関する関連法案の体系と設置運営主体について：条例で新図書館を建設できる。④ 公立図書館に対する国家レベルの体制と方針について：県立図書館と市町村図書館の役割。⑤ 地方自治制度の段階別の公共図書館数：適正の図書館数とは、米国・英国の図書館数と

表7-1　地方税、地方交付税、一般財源（使用料、手数料、財産収入、寄付金）の都道府県の一部の一般財源額と歳入構成比

	地方税	地方交付税	一般財源
東京都	51.1%	0%	55.9%
愛知県	39.7%	2.8%	47.4%
大阪府	24.1%	13.3%	35.9%
島根県	11.9%	31.3%	43.4%
高知県	12.2%	37.7%	52.3%
47都道府県平均	28.2%	18.5%	50.3%

人口の比較。⑥ 地方自治制度の段階別の公共図書館設置率：なぜ公共図書館が減少したか。平成の合併により、町・村図書館の減少。地元については、サービスの減少になる。⑦ 複数の自治体にまたがる横断的な図書館ネットワーク、コンソーシアム等について：One for all, All for one. ⑧ 図書館に対する一般国民の意識、公共的な文化施設としての認識の状況。⑨ 公共図書館サービスの基本理念、一般原則について：図書館法、無料の原則（17 条）。⑩ 著作権の保護、図書館の公共貸与権、出版社への保障などについて：出版社、作家（印税）等。無料貸出、予約の増加と著作権者と出版社との齟齬。⑪ 貸出開始時期を遅らせるなどの著作権への配慮について。⑫ 個々の公共図書館の使命（ミッション・ステイトメント）について：利用者へのサービスがすべて。⑬ 地域社会の情報ニーズの定期的な調査などについて：市場調査、マーケティング（非営利）の必要性。⑭ 公共図書館の整備や運営費の負担について。⑮ 図書館の建設整備に PFI など、民間資金活用の試みについて。⑯ 公立図書館の運営を民間に委託することについて：指定管理者制度のメリット、デメリット。⑰ 各段階の公共図書館の経営・運営の責任について。⑱ 館長の経営手腕を評価するシステム、監督者が重視する評価項目について：リーダーシップ論。⑲ 各段階の公共図書館年間予算総額と、1館当たりの平均年間予算額について。⑳ 自治体の負担額と広域自治体、政府の補助金、民間の寄付の額や比率について。㉑ 人件費・図書購入費・建物設備維持費の 3 つの年間支出の割合について。㉒ 公共図書館の年間利用者総数について：登録者数、OPAC 利用率。㉓ 図書館のサービスエリアの人口に占める割合（利用者登録率）について。㉔ 利用者の年齢・性別・利用目的などの内訳とその必要性。㉕ 夜間開館および開館時間数について。㉖ 各段階の公共図書館の蔵書数の規模について。㉗ 蔵書の内訳について：人文社会科学、自然科学、郷土資料、お祭り等。㉘ 各段階の公共図書館別の蔵書の年間受入れ冊数について：選書のレベルと主題、大学図書館とのリンケージ。㉙ 各段階の公共図書館別の蔵書廃棄の実態について。㉚ 各段階の公共図書館別のデータベース保有率、平均保有件数について。

㉛ 書籍・雑誌などの媒体別の年間貸出数について：マガジンとジャーナルの必要性と違い。㉜ 映画フィルム、DVD、CD などの媒体別の所蔵・貸出状況について。㉝ 図書館サービスに関する情報提供の方法について。㉞ インターネット等外部からの蔵書の有無、閲覧・貸出状況の確認について。㉟ 地域情報の収集の状況について。㊱ 地域内の大学等の諸機関との連携について。㊲ 障害者向けの図書館サービスの全国的なシステムや媒体の整備状況について：認知症と図書館の関係。㊳ 在留外国人の母語に対応した図書の整備状況について。㊴ 子どもの読書活動の復興や読書指導の状況について：読書指導の充実。㊵ その他各種事業（映画会など）の実施状況について。㊶ 公共図書館の職員数（専任・兼任・非常勤の別など）について。㊷ 司書資格の難易度と給与との関係、年間司書資格取得者数と就職者数について。㊸ 公共図書館現職職員の研修プログラムについて。㊹ 公共図書館で活動しているボランティアについて：ボランティアの役割とボランティアからの選考。㊺ 各種の施設・設備（閲覧室、書庫、児童室、対面朗読室など）の状況について。㊻ スロープ、トイレなど、車椅子利用者用の設備の整備状況について：障害者差別解消法。㊼ コンピュータの設置状況（職員用・利用客用）について。㊽ インターネットの利用やセキュリティー保持の状況について。㊾ 利用者のパソコン用の電源と情報端末の整備状況について。㊿ Web-Opac やデータベースの利用とオンライン・レファレンスの実施について。

【参考文献】
・「諸外国の公共図書館に関する調査報告書」文部科学省、2005 年
・『図書館制度・経営論』糸賀雅児・薬袋秀樹編集、樹村房、2013 年

📖 図書館のリスクマネジメント

　営利組織と非営利組織の間には、目的の違い、方法論の違いがあると多くの人は信じています。実はそれは大いなる誤解です。目的はほとんど一緒なのです。それは人々を幸せにするために、考え、

動き、探し、効果、成果を具現化するために行政も企業も非営利団体も一所懸命に戦っているのです。したがって、営利組織で問題視しているリスクマネジメントについても、非営利組織の図書館にもその考え方を導入してもらいたいのです。

　リスクとリスクマネジメントは違います。リスク（Risk）とは、ある行動や現象にともなって、あるいは行動しないことによって、危険（Peril）に遭遇する可能性や危害（Hazard）・損失（Loss）等を受ける可能性を意味する概念です。リスクマネジメント（Risk Management）とは、リスクを組織的に管理制御し、危害・損失などを防止・回避し、もしくはそれらの軽減をはかるプロセスです。100％防ぐことはできませんが、しかし、リスクを少しでも避けるためには組織を挙げて人的・財的等の対応が不可欠です。

　大学のリスクマネジメントとは何でしょうか。大学の守るべきものは、生命（学生教職員）、精神（学生教職員）、組織（大学の体制・制度・責任・信用等）、情報（個人情報・成績評価データ・IT関連情報等）、財産（金銭・カード・資料・機器・施設設備等）。大学を何から守るかといえば、災害（地震・気象・火災・爆発等）、環境（温暖化・化学物質等）、健康（食品衛生・感染症・メンタルヘルス等）、組織（経営危機・組織体制崩壊・コンプライアンス等）、社会（テロ・犯罪・セクハラ・差別偏見・知財侵害・ハイテク犯罪等）からです。

　事故の発生について知られている「ハインリッヒの法則」は、注意喚起のためによく活用されています。ビジネス社会における発生確率の、300：29：1 の法則で認識された潜在的失敗のことです。つまり、330 件の災害のうち、300 件は無傷で、29 件は軽い傷害を伴い、1 件は重い傷害を伴うという意味です。「しまったけどよかった」「ヒヤッとしたけどよかった」、この段階できちんと対応しないと、「悲惨な結果」「重大な事故」を巻き起こすということです。300：29：1 の裏側とは、利用者・消費者からの視点でみると、1 件の失敗に対するクレームを無視すると、29 人のクレームにつながり、さらに無視するとあっという間に 300 人からのクレームになるということです。例えば、利用者、消費者等のクレームでも、すぐに問題を

解決できれば54～70％は再契約してくれます。さらに、もっと速やかな解決ができれば、95％は再契約をするものです。これは図書館でも利用に関して同じことがいえます。

　大学図書館のリスクマネジメントは、大学図書館の地域開放、大学の構成員以外の図書館利用、開館時間延長および日曜開館の実施、夜間セキュリティーと専任不在時の対応、電子ジャーナルの購入、図書予算の運用、エージェントの倒産、そのリスクを乗り越え教育効果のためにサービスに転じることが必要です。

　2003年10月英国博物館・文書館・図書館国家評議会が "Security in Museums, Archives and Libraries: a practical guide" を発表しました。その内容には、図書の盗難、火災、水害、問題利用者（破壊行為、迷惑行為、威嚇行為、コンピュータの不正利用等）への対応が含まれます。

　日本の図書館リスクの歴史は、まず閉架書庫から開架書庫へのサービス展開をしてから図書の盗難が増え始めたことがあげられます。町田市立中央図書館（1996年新聞報道）では44万冊の図書館に開館5年で6万7千冊の紛失があり、一日当り35冊でした。1990年代に阪神淡路大震災があり、防災関係への関心が向けられます。問題利用者の出現により東村山ホームレス暴行殺人事件が起きます。しかし、地方自治法第244条第2項「地方公共団体は、正当な理由がない限り住民が公の施設を利用することを拒んではならない」とあります。

　1996年改正司書課程カリキュラムに「図書館経営論」が設置されました。ここでは、図書館の危機管理についても授業として扱われるようになりました。しかしながら、圧倒的に日本での事例が少ないこと、研究者が少ないことにより、危機管理に特化した理論構築が出来ていません。

　英国の公共図書館の調査では、66％の図書館で機器紛失、福祉関係の図書48％が紛失したが、監視（防犯）カメラ導入によって95件の盗難が6件に減少しました。

　米国の例としては、「クレイマー事件」が、1990～92年ニュー

ジャージー州でホームレス事件が起こりました。利用者に対して図書館員が「臭いから退館してください」と言ったことに対し、「どのくらい臭かったら退館しろということの規則を見せてくれ」との応酬になったものです。裁判になりましたが、図書館が敗訴し3,000万円を支払いました。

　私の大学図書館で実際に起こったこととしては暴力事件、カッターナイフ事件、長期延滞者：教員・研究者対策、女性への軽犯罪行為、メモと盗撮、図書館員へのストーカー行為があげられます。

　米国の西ケンタッキー大学図書館では「利用者サービスガイドライン」を作成しました。概略は次の通りです。① 許容できない利用者には退館通告、同意しない場合構内警察、事件の概要を保存し、利用制限の材料とする。② 方針に従わない学生は学生部長に報告、方針に従わない教員は、副学長（学術問題担当）に報告、方針に従わない職員は、人事部長に報告。③ 許容できない行動例：過度の騒音、大声での会話、楽器の演奏、ラジオ等の聴取、指定外の飲食、喫煙、図書館の資料、財産の切り取り、窃盗、秩序撹乱、混乱、脅迫行為、利用者、職員に接近し、不適切な交流を求めること、個人の安全を脅かすこと、秩序を撹乱し混乱を起こす行為ならびに暴力行為。④ 許容できない行動例：疑わしいこそこそした行為、図書館の資料を利用せずその場にそぐわない様子をしている者、他の利用者や職員を見つめているようにみえる者、性犯罪、露出、不適切な性的勧誘またはいやがらせ（身体または言語による）。

　米国の大学では、ユニバーシティーポリスが設置されています。逮捕権もありますしピストルも携帯しています。基本的には、大学内での問題、犯罪に対応する目的で存在しています。大学内にその組織があるのは、米国では「銃」の携帯を許されていることにあります。日本の大学内では、考えられないことです。カリフォルニア大学バークレー校でも、立派なオフィスがありました。学生・教員・市民を守る機能があり、私はこの組織は、図書館のリスクマネージメントの安全性についても必要であると高く評価していました。

●**公共図書館における問題利用者の代表的行動**　低い方から説明す

ると、第3級：はた迷惑（迷惑だが無害）、物乞いをする、悪臭がする、飲食をする、洗濯をする、寝る、いちゃつき、指関節をならす、貧乏ゆすりをする等。第2級：微妙な（深刻ではあるが）、酩酊している、ホームレス、勧誘、規則を破る、落書きをする、ギャングの一員、露出狂、言動がおかしい、幻覚障害等。第1級（非常に深刻）武器の携帯、性的変質行為、情緒障害、略奪、喧嘩好き、非行、放火犯、破損行為、威嚇する、さわり魔、幼児虐待、法律破り、薬物中毒、明らかな敵対行為、ののしる、麻薬販売等となります。

・**危機・安全管理のマニュアルの作り方**　まずは次の①〜③でリスクの評価を行います。① リスクの強度とリスクの頻度に分ける。② 4つに分析する：1.「強度小、頻度小」2.「強度小、頻度大」3.「強度大、頻度小」4.「強度大、頻度大」。③ リスクの種類に分ける：1.「人対人」2.「物」3.「一人の人単独」4.「その他」。

　そこからさらに方針を決めます。1. 保有（① 強度小、頻度小）：リスクを認識した上で対応方法を定めておく。例：急病、動物失禁、不審物放置等。2. 制御（② 強度小、頻度大）：頻度を小さくするように働きかけ、その上で、「保有」もしくは「転嫁する」。例：飲食、資料汚損・破損、雑談、子供放置、携帯電話等。3. 転嫁（③ 強度大、頻度小）：専門機関（警察、損害保険会社等）と連絡、あるいは契約し、他機関にリスクを転嫁する。例：天災、人災（刃物、銃器持込）等。4. 回避（④ 強度大、頻度大）：その状況から逃がす対策をとる。例：異臭、喫煙、迷惑行為等。

　現場の図書館サービスの問題点を吸い上げ、戦略的図書館サービス計画を作成し、実践的な図書館経営を認識したうえでリスクマネジメントを実施することになります。危機管理の要諦（ポイント）は、「人は起こしたこと（起こったこと）で非難されるのではなく、起こしたこと（起こったこと）にどう対応したかによって非難される」です。

【参考文献】

・『図書館の問題利用者：前向きに対応するためのハンドブック』ベス・マクニール、デニス・ジョンソン編、中野捷三訳、日本図書館協会、2004 年
・『大学図書館経営論』加藤好郎、勁草書房、2011 年

・JLA図書館経営委員会危機・安全管理特別検討チーム「危機・安全管理マニュアルづくり：こんなときどうするの？作成マニュアル利用者と職員のための図書館の危機安全管理—編集プロセス」『図書館雑誌』98（9）、2004年9月
・『図書館経営論』柳与志夫、学文社、2007年

📖 図書館のリーダーとリーダーシップ

　リーダーやリーダーシップとは「人の気持ちにどれだけなれるか」ということです。

　図書館の仕事は、専門職の集団のため縦割りになりがちです。人がしている仕事にあまり興味をもたない。予算が足りなければ文句はいうが、それを求めて動こうとはしない。それは、図書館長の仕事ですと言い切ってしまう。それは、大きな間違いです。「ワンチーム」なのです。図書館員たちが互いを補って、協力して、理想とするリーダーを創造し、リーダーシップを発揮できなければ、利用者サービスが発展しないのです。営利組織のリーダーシップも学びながら、図書館のリーダーシップの在り方を考えます。

　私が図書館のリーダーとして、どのように図書館員を育成したかを紹介することで、ひとつのリーダーのあり方を理解していただければ幸いです。

　図書館員の育成には、「3年3部署」を通じて初めて、適正な業務を定めることができると考えています。例えば、「目録⇒閲覧⇒選書」や「レファレンス⇒雑誌⇒総務」です。テクニカル・サービスとパブリック・サービスの両方の業務を経験しておくことも大切です。そして、本人がまず興味とやる気を持ち、失敗しないで仕事をこなすことではなく、サービスのアイデアを考えると同時に、予算・財政の効率・効果を前向きに考え、直接・間接に利用者サービスに対する基本的な優しさを持つことです。

　私は、テクニカル・サービスの洋書目録でスタートし、パブリック・サービスの閲覧・レファレンスを中心に業務をしました。慶應義塾図書館で退職するまで仕事を続けたと思っていましたが、途中で慶應の国際センターを任されました。しかし、「図書館情報学」の

授業は続けました。当時は、「慶應の国際化」をスローガンに動き始め、バークレーに留学していたこと、OCLC の日本代表を務めたこと、私立大学図書館協会で国際担当を 6 年間務めた体験が、異動の対象になったようです。図書館に在籍している時も、多くの部下にアメリカの図書館の海外経験をさせました。慶應も海外への予算は潤沢ではありませんでした。OCLC 代表時代は、会議出席（年 3 回オハイオ州コロンバス）のため渡航費をいただいていました。9 回の海外出張の際、必ず部下を連れて行きました。ファーストクラスをエコノミーに変え、ホテルを安価のものに換え、一週間の出張の際 3 日間の OCLC の会議後には、オハイオ、ニューヨーク、カリフォルニア、テキサス、ロンドン等の図書館見学を部下と一緒に回って帰国しました。このことは部下にとっては、いい経験だったと自負しております。

　私のこの考え方は、若い時の上司から学んだことです。「このような人になりたい」「このような人にはなりたくない」の両方を吸収することが管理職への道です。仕事で残せるものは、「金」でも「経歴」でもありません。残せるのは「人」です。リーダーも「やりたい人」ではなくて「やらせたい人」を選ぶことが大事です。図書館には多くの専任と少しの“仙人”がいます。一昔前の図書館は、専門職としての“仙人”が確かに必要でした。しかし、それが問題なのです。図書館員の弱いところです。“仙人”たちは優秀で利用者のための大いに役に立っていました。でも、とても残念なことは、人を育てる気がないのです。勿論、部下に教える気もありません。部下が技術を盗むしかありません。図書館の“仙人”は、貴重書・稀覯書を図書館が購入してくれたおかげで研究できた筈です。図書館のお陰様なのです。であれば後継者を作る責任があります。図書館のリーダーやリーダーシップの欠如はここにあるのです。人間も動物も必ず死にます。しかし、文化という精神・物はのちの人に残るのです。それを継承していくことが図書館員の仕事で、「自分さえよければ」は絶対に通用しません。

　元塾長の石川先生と、韓国の延世大学と慶應義塾との大学協定（含

む図書館）をするためにソウルに出かけました。石川塾長は、「加藤君、君は会議で何語を使うつもりですか」「私は韓国語ができませんので、英語か日本語と思いますが」「英語でなければいけません。もし、会話の途中であちらが日本語を使い始めたら日本語にしましょう」と述べました。案の定、協定が成立した後は、延世大学長は日本語で語り始めました。契約に上下はありません。交渉相手への立場と深い思いやりを感じたときでした。

　リーダーの資質は生まれつきなのでしょうか。2 つの仮説があります。① リーダーは、リーダーとしての資質を生まれつき持っているので、リーダーシップを発揮することができる。② リーダーは、リーダーとしての行動を経験から学んだので、リーダーシップを発揮することができる。① の仮説は、1900 年代初頭から第 2 次世界大戦まで、心理学者を中心に研究されました。② は 1940 年代から「ミシガン研究」「オハイオ州立研究」「PM 理論」の研究での、経験と学びを通じてリーダー特有の行動を身に付けることができるというものです。

　リーダーシップの定義は、リーダーシップは、共有された目的をリーダーとフォロワーが達成するための、リーダーの影響力の発揮プロセスとフォロワーの影響力の受入れプロセスであるというものです。リーダーとマネジャーの定義では、マネジャーは組織における管理職、つまり組織内で公式に認められた立場です。事前に綿密な計画を立て、それを実現するためにメンバーをコントロールすることで課題を達成します。リーダーは、公式に認められた立場や権限がなくても組織や集団を新たな方向へと変化させ、導いていく人物です。ビジョンの下で組織の進むべき方向を示し、メンバーの心に働きかけることによって課題を達成します（表 7-2）。

表 7-2　ビジョン型リーダーのリーダーシップとマネジメントの違い

	リーダーシップ	マネジメント
課題の特定方法	進路の決定	計画の立案と予算の策定
人的ネットワークの構築方法	人心の統合	組織編成と人員配置
課題達成の実現方法	動機づけと啓発	コントロール

　メンバーはリーダーに分かりやすい指示を出してくれるように期待します。例えば、目指すべき目標が欧米とはっきりしていた戦後の高度経済成長期に合致したのです。日本全体が新入社員のようなものでした。成熟したメンバーには逆効果になるのは、組織メンバーが一定のレベルに達すると、指示型リーダーシップは必ずしも機能しないためです。成熟したメンバーには「ああしろ、こうしろ」はかえってやる気をなくします。必要な指示は素直に受け入れるが、過剰な指示は雑音でしかありません（図7-1）。

　　メンバーが未成熟の状態　　　　　　　　　　メンバーが成熟した状態

　指示型リーダーシップが有効　　　　　　　支援型リーダーシップが有効
図7-1　指示型リーダーと状況

・効果的な報酬の提供方法　目に見える外的報酬（お金、地位、肩書など）、目に見えない内的報酬（達成感、生きがいなど）などさまざまです。指示型リーダーの報酬提供の原則は、「配慮ある指示の出し方」：① 指示の背後にある、組織の中でその仕事が果たしている役割の説明。② 指示された仕事の意義の説明。前向きな態度も次のように表す必要があります。①「よくやった」というポジティブな評価。②「ごくろうさま」というねぎらいの言葉。③「ありがとう」という感謝の言葉。

　オハイオ州立大学の研究結果は次のように述べています。① メンバーがリーダーに気軽に接触できる。② メンバーが「この組織ないし集団の一員でよかった」と思えるような細かな心配りをする。③ メンバーの提案を実施する。④ メンバーを対等な人間として扱う。職場で働くメンバーの心理的な満足度を高めることが中心になります（図7-2）。

　　メンバーの育成のサポート　　⟺　　メンバーの心理面のサポート

　　　コーチング　　　　　　　　　　能力面の成熟　心理面の成熟
図7-2　支援型リーダーの役割

- **コーチングの3つの前提**　「人間は無限の可能性を持っている」
「答えは相手（＝メンバー）の中にある」「答えを見つけるパートナーになる」がコーチングの3つの前提となります。
- **コーチングの4つのスキル**　「傾聴のスキル」は相手の話に心から耳を傾けることです。「承認のスキル」はあなたはこの職場に重要な人物だというメッセージを伝えることです。「質問のスキル」は問いかけによって相手の気づきを促すことです。「提案・リクエストのスキル」は相手に新しい視点を提供することです。

　プロセス重視の人材育成コーチングで重要なのは、正しい答えはどれかではなく、コーチングを受けた本人が、自分なりに答えを見つけるプロセスを通じて、考える力や解決策を導き出す力を身に付けることです。

　渋沢栄一の「論語と算盤」というミッションも述べておきましょう。渋沢は、静岡の商工業者たちとともに「商法会社」を設立し、政府の目にとまり渋沢は大蔵省（現財務省）に入省しました。辞めたのち第一国立銀行の設立に尽力、地方銀行の設立、福祉と教育の600の公共事業に関与しました（図7-3）。松下幸之助もリーダーとしての行動について興味深い事例です（表7-3）。

| 論語＝公共の精神
　　＋　　　⇒
算盤＝経済合理性 | 私利私欲にあくせくするのではなく

公共の精神を持ちつつ経済合理性を心がけ、社会全体の経済発展に貢献する。 |

図7-3　渋沢栄一の道徳経済合一論

表7-3　松下幸之助のシンボリック行動の例

「言葉としてのシンボリック行動」	「儀式としてのシンボリック行動」
・「水道哲学」 水道の水のごとく物質を豊富にかつ廉価に生産提供するというビジョン。	・「創業命知の日」 5月5日を創業記念日に制定し毎年厳粛に式典を行うことでミッションを伝承。

- **ソニーの参加型リーダーシップ役割分担の例**　井深大（ビジョン

型リーダー）のビジョンを、盛田昭夫と木原信敏が、資金面、技術や製品の営業面から支えました（図7-4）。

（参加型リーダー）　　　　　　　　　　　　（参加型リーダー）

　　変革のリーダーシップ　　　　　　　組織文化の変革と創造
図7-4　ソニーの参加型リーダーシップ役割分担

　ここまで参考にしてきたリーダーシップの事例を紹介したところで、ここでは、私の実際の組織づくりとしてのリーダーシップ経験を紹介します。多くの非営利組織（含む NPO）がそうであるように、多くの組織はピラミッド型組織が多いですが、はっきりした組織がないところもあります。つまり、目的意識はあっても誰がそれを行うのか、人員は足りているのか、負担がある人に偏っていないか、いつまでに、どこまで、いくらで、が明確になっていないのです。もし失敗したら、誰が責任をとるのか。これらのことは、たとえボランティアであっても許されません。企業であれば、会社員⇒主任⇒課長⇒部長⇒副社長⇒社長です。会議体は、株主総会、委員会、部長クラス、課長クラス、主任クラスということになります。決定事項のレベルも違います。ピラミッド型に物事が決定していきます。勿論、平社員はその最高決定機構には参加しにくいです。これで、平社員の仕事に対するモチベーションは高まるでしょうか。

　私がリーダーになる前の図書館組織は、司書⇒係主任⇒課長⇒部長⇒事務長⇒図書館長でした。現場の仕事と行政・管理・運用の決定事項が乖離している。それが当たり前でした。文句を言う人もいません。その結果、新図書館を作るときの青写真では、入館のための入り口がなんと学生から一番遠いところに設定されていました。塾生にとって入館するための最短距離にある入口は、職員と書店のために用意されていました。塾生へのサービスを考えたときどう考えてもおかしいのです。青写真の段階でしたので再考の可能性がありました。三田キャンパスには4学部長がいます。教員は塾生への教育効果には敏感です。各学部会議、各図書委員会の結果、入り口が見事に変わりました。1983年の事です。塾生にとっては、今

も、授業終了後に最短距離に図書館の入口があります。

　事務長になった時、以下の組織を作りました（図 7-5）。目的は、基本的には課長会議レベルですが、入職 3 年以上で「きちっと図書館のサービスの意味が語れ、目的を明確にしている人」で、課長よりも効果的であれば若手職員を登用しました。毎週、月曜日の 9 時 30 分～10 時 30 分までで時間厳守です。当時 12 担当があり、報告は事前に、協議は当日、先週現場で会った問題を懇談に上げる方式です。懇談に上がったことは、来週の月曜日中にできたら協議して決定します。組織改善の利点にあげたのが、このことで、すべての図書館員が目的意識を持ち、話を聞き、話をし、すべての人と接点を持つことで、モチベーションが高まるのです。図書館員は縦割りに仕事をしたくなります。そのことで、上下左右の担当がどのような状況（予算、人員）であるのかに無関心です。しかし、若手、ベテランすべての図書館員が、発言に責任をもち、一定の成果を見出す仕事にモチベーションが高まったのです。つまり、以前からの決まりだから、前からそうだからで、利用者へのサービスを意識しない図書館員、リーダーは失格なのです。スタッフを積極的に変革に巻き込む参加型リーダーシップは有効です。

　フラット（パラレル）な組織

　運営会議（図書館の最高決議機関）

図書館長あるいは事務長

　① 報告事項
　② 協議事項
　③ 懇談事項

閲覧担当	選書担当	ILL 担当	REF 担当	雑誌担当	貴重書	総務担当	目録担当	システム

　組織改善の利点

　① 図書館員の士気が高まる　　② 意思決定の質と速さ
　③ 上司と図書館員の相互理解　④ 図書館の目的に対する職員の理解
　⑤ 統制過程の質の効果と速さ　⑥ 利用者サービスの質の向上
　⑦ 相互のコミュニケーションの正確さ
　⑧ 図書館員のネットワークの拡がり

図 7-5　図書館の参加型組織構造改善の一例

●**人材育成のための4つのポイント**　① アイデア：リーダーは状況に対応するために、つねにアイデアを最新のものにし、メンバーがそのアイデアを共有することを手助けする。② 価値観：価値観はアイデアを支えるもので、メンバーに浸透し、日常活動に至るまでのすべてのメンバーの行動を支配する。リーダーは新しい価値観をつくり出し、それが組織で機能するようにメンバーに浸透させる。③ 感受性豊かなエネルギー：リーダーは、前向きで感受性豊かなエネルギーにあふれた人物であり、メンバーに対してもエネルギーが満ちるように、積極的に働きかける。④ 大胆な意思決定力（エッジ）：より良い将来のために現在の安泰を進んで犠牲になるような、厳しい決断が求められる。リーダーはこのような決断力を、組織のメンバーにも期待します。これは図書館運営でもその通りでした。

●**リーダーシップ・スタイルを確立する形式知**　とはいえ、図書館のリーダーシップの形式知というべきものはあるのでしょうか？古野庸一『リーダーになる極意』によると、① アイデンティティを塗り替えながら成長する。② 自己改革をいとわない。③ 修羅場から逃げずに対処する。④ 学生時代に学んだことを生かす。⑤ 自分なりのビジョンを持つ。⑥ 海外経験から学ぶ。⑦「高潔さ」を大切にする。

　元ヤマト運輸会長小倉昌男の「経営リーダー10の条件」は次の通りです。① 論理的思考。② 時代の風を読む。③ 戦略的思考。④ 攻めの経営。⑤ 行政に頼らぬ自立の精神。⑥ 政治に頼るな、自助努力あるのみ。⑦ マスコミとの良い関係。⑧ 明るい性格（プラス思考）。⑨ 身銭を切ること。⑩ 高い倫理観（「まごころ」と「思いやり」）。

【参考文献】
・『ケースに学ぶマーケティング』青木幸弘編、有斐閣、2015年
・『リーダーシップ』小野善生、ファーストプレス、2007年
・『マーケティング概論』奥本勝彦・林田博光編著、中央大学出版部、2004年
・「愛知大学文学部 情報資源各論B：現代のマーケティング」テキスト、加藤好郎、2020年
・『大学図書館経営』加藤好郎、勁草書房、2011年
・「大学図書館におけるリーダーシップ論：フィードラーコンティンジェンシーモデルの実証的研究」加藤好郎、大学図書館研究29、pp.15-24、1986年

📖 図書館経営の基本原則

　図書館情報学に学ぶ図書館員の専門性の育成について説明します。プロフェッショナル・ライブラリアンとは、第一に「図書館の専門家」であり、各図書館員が学んでいる「主題専門家」です。米国の図書館情報学は、修士レベルで始まるので、学士レベルでのなんらかの主題を学んでからのスタートとなります。したがって、図書館情報学以外の主題専門家にも成りやすい環境にあります。日本の図書館・情報学は学士レベルで始まるので、司書の資格を取って卒業して図書館に就職した場合、新しい主題を勉強あるいは研究をしなければなりません。主題知識を学び、自己研鑽し、専門職になることで利用者サービスの向上になります。技能としての、語学力も必要です。大学では英語以外に第2外国語を学びます。図書館では、プラスもう一つの語学が求められます。例えば、洋書目録の作成やレファレンス等における外国人研究者や外国人ビジネスマンとの対応の時必要になります。図書館員の感性を育成し、コミュニケーションやネットワーク能力をはぐくむ結果、利用者のニーズを掌握し、図書館業務の迅速化・効率化が利用者の促進につながります。

• **図書館員の10の業務**　By Yoshiro Kato, 2007

① University Librarian = Directer：財務戦略、構想力、生産性（ビジネス感覚）

② Bibliographer：選書、貴重書、補修・保存（Preservation 機能）

③ Archivist：アーカイブの維持管理（目録・保管・提供等）

④ System Librarian：利用者用、業務用パソコン管理、DB 構築

⑤ Curator：日本では学芸員を指すが、もっと高い権限

⑥ Electronic Librarian：電子媒体資料の購入の知識と技能

⑦ Digital Librarian：デジタル化における知識と技能と感性

⑧ Cataloger：書誌ユーティリティーの研究

⑨ Reference Librarian：情報リテラシー教育、BI、デジタルレファレンス

⑩ Serials Librarian：雑誌の変遷と電子ジャーナルの知識

• **大学図書館の5主題**　By Yoshiro Kato, 2000

① Science：科学技術、② Medicine：医学、③ Law：法律、④ Business：ビジネス、⑤ Humanities：歴史、文学、芸術、語学、哲学、宗教等。

• 14 の図書館経営の基本原則　By Yoshiro Kato, 2000

① 図書館経営の理念は、利用者への情報提供とサービス提供。

② 図書館経営の基本は、サービスの先取り。

③ 図書館経営には、サービスの提供に課金（受益者負担）することも必要。

④ 図書館経営には、費用対効果と費用対便益を常に測定。

⑤ 図書館経営において、資料価値は購入額と比例しない。

⑥ 図書館経営において、目的達成には、事業の進捗状況の点検が必要になる。

⑦ 図書館改革にはそのタイミングが重要。

⑧ 図書館経営を充実させるためには、競争から生じる協力が不可欠。

⑨ 健全な図書館経営には、恒常的なマーケティングが不可欠。

⑩ 図書館経営を充実させるためには、新しいサービスの構築の際、常にサービスのライフサイクルを意識。

⑪ 図書館経営は、利用者、図書館員、出版社（書店）、作家（研究者）との有機的で信頼に基づく連携により成立し相互に成長。

⑫ 本来、図書館経営は、多くの研究者の研究活動支援と図書館員の育成と向上を実現する。

⑬ 図書館経営には、常に、図書館は民主主義の中心であるという概念が不可欠。

⑭ 図書館学は実学であり、図書館経営はその実践である。

　現代の経営論は、新しい組織つくりそのものです。組織は、人間の協働的社会行為です。2 人以上の人々の協働が必要です。組織は、個々の人間の行動が、特定の目的達成に向けて調整し、複数の人の活動システムです。「組織とは人間が目的を達成するために最も効果的に協力できるように、遂行すべきことの性格を明確にし、それを編成し責任と権限を明確化して、それを委譲し相互の関係を設定す

る過程である」といいます。

公共図書館員の組織上の立場についていうと、図書館に採用された職員は、身分という点に限れば、図書館の職員というよりも、図書館の設置母体の職員です。公立図書館の職員なら地方公務員、大学図書館の職員ならその学校法人の職員です。司書として採用された職員も、図書館に採用されたのではなく、自治体に採用されたのである。司書である前に、よき自治体職員でなければならない。よき自治体職員になることによって、よりよき図書館職員になれることになります。

図書館建築経営で必要なことは以下のとおりです。スペース計画：コレクション（書庫、保存書庫）利用者（閲覧室、グループ学習室、食堂、談話室、オープンエリア、リフレッシュルーム）職員（館長室、事務室、会議室、スタッフルーム）。モジュラーシステム：1960年代から図書館の主流。カウンターの配置：BDSの位置、デザイン。レファレンス：腰かけ、たち話。書架のデザイン：スチール製、木製。書架間隔の種類：120 cm（閉架式実用最小値）、135 cm（閉架実用値）、150 cm（開架実用最小値）、165 cm（開架実用値）、180 cm（資料数の多い開架常用）、210 cm（利用者が多い開架常用）、240 cm（利用者が多い開架常用）。インテリジェント技術：快適性（アメニティ）。防災・防犯と安全対策：スプリンクラー。照明と採光及び色彩：平均500ルクス、大学800ルクス。騒音と音環境：大声、携帯、天井、BGM。温度・湿度：貴重書室（温度15度、湿度45％～60％）湿度が低いと羊皮に、高いと紙に影響。シバン虫。閲覧室・書庫（温度22度、湿度60％、プラスマイナス5度、5％前後）。サイン計画：サインはすぐに目に入る位置（高低、左右）、文言は、簡潔ですぐに理解できるもの。記号類は簡単で明瞭。家具と備品：感触、製品の素材の質、家具類の種類、備え付け取り外しなど模様替えの容易さも長い期間の使用を考慮する。机・椅子・キャレル：キャレルの高さ70 cm、机面寸法1人掛け105 cm×60 cm、4人掛け180 cm×120 cm、6人掛け240 cm×120 cm。可動式の机と椅子。携帯電話の通信許可。

図書館経営と離れますが、経営学の歴史を紹介します。

• 古典的経営学と新古典的経営学

① 科学的管理法（古典的経営学）フレデリック・テイラー（1856-1915）

② 管理過程論（古典的経営学）アンリ・ファヨール（1841-1925）

③ 官僚制組織論（古典的経営学）マックス・ウェーバー（1864-1920）

④ 人間関係論（新古典的経営学）エルトン・メイヨー（1880-1949）

以下に上記について解説します。

① 科学的管理法：テイラーは「経営学の父」と呼ばれています。フィラデルフィア生まれで、ミッドベール製鉄所の組長。組織的怠業、一生懸命仕事をしてくれないことに対応しようとしました。課業管理とは、仕事をし過ぎると仕事がなくなる、仕事がなくなると賃金が削られるため、仕事の内容と分量を規定することが必要であるという概念です。適当な一日の課業を毎日与えられるとき、被雇用者にも雇用主にも最大の満足をもたらします。

② 管理過程論：ファヨールは、19歳で炭鉱会社に入社、47歳で社長になりました。ファヨールの考えた「経営」の6原則（活動）は技術活動・商業活動・財務活動・保全活動・会計活動・管理活動です。この6原則は現代経営にも引き継がれています。

③ 官僚制組織論：ウェーバーは、ドイツの社会学者。近代的官僚制の成立、伝統的支配（伝統の神聖さによる支配）、カリスマ的支配（個人天賦の才能による支配）の部分が関係します。伝統とカリスマが相まって合法的支配＝官僚制になる。ウェーバーが認識していた官僚制組織の欠点は、官僚機構の特徴として、情報がフィルターを経てトップに伝わるので、情報が遅く、正確性に欠く。ケースバイケースの臨機応変な対応が取りにくい。画一的な対応に終始する傾向がある。これらの点です。

④ 人間関係論：メイヨーは、ハーバード大学社会心理学教授。1924〜32年に4回のホーソン実験を行いました。1930年代「人間関係研究」を理論化し、1940年代「労務管理」に利用され、1950年代には「人間関係論」花盛りとなります。ホーソン実験は、ウェスタン・エレクトリック社（米国最大の通信機メーカー）のホー

ソン工場で、物理的作業条件と作業能率の関係を知るために行われました（1927年）。結論は、人間は、論理的・合理的な側面以外に、感情的・非合理的な側面を持つということです。

経営学は、アメリカが発祥の地です。日本式経営学の要素とは、和魂漢才（聖徳太子）、和魂洋才（明治維新）といわれます。経営学には、教科書や固定観念はありません。企業活動研究から見た経営学や、消費者の立場から見た企業研究は、商業学の領域です。財務全体の立場から見た企業研究は、会計学の領域です。産業全体の立場から見た企業研究は、経済学の領域です。経営者の立場から見た企業研究は、経営学の領域です。図書館活動研究から見た図書館経営論の位置づけは、図書館全体の立場から見た場合の図書館研究であり、図書館のトップマネージメントの業務になります（表7-4）。

図書館経営論の必要性を簡単に述べます。（1）図書館の使命：目的とは知的、文化的な情報資源へのアクセス保証と将来への継承。（2）図書館経営とは：図書館組織の維持・存続・発展を図る行動。（3）図書館経営で考慮すべき3項目：① システムとしての図書館、② 非営利組織としての図書館、③ 永続組織としての図書館。

表7-4　図書館と書店の比較

比較項目	図書館	書店
営利性	公共性追求	利潤追求
経営母体	地方公共団体	企業会社法人
主な機能	書籍閲覧・貸与	書籍の販売
料金	無料	有料
書籍の品揃え	新刊書から絶版書籍まで	売れ筋・新刊書
書籍の保存	基本的に保存	保存しない
書籍の複写	複写可能	原則不可
その他	社会的弱者への配慮やユニバーサルサービスなどの平等・公正を尊重	買い物ポイント等付加価値に熱心

　図書館経営で考慮すべき3項目を最後にあげましょう。① システムとしての図書館。A：情報収集⇒保存・管理⇒提供・利用。B：社会的・情報的環境の調和⇒利用者へのサービス。A＋Bの調和と統一的な協働⇒利用者に図書館システムと社会システムを提供する。② 非営利組織としての図書館。業務の成果や結果を重視⇒成果の測定やコントロール⇒非営利組織としての利益尺度⇒明確な図書館固有の経営の評価尺度の手法や開発。③ 永続組織としての図書館。入手困難、遡及的、グローバル、最新情報の入手⇒文化的情報資源の累積と利用を保証する図書館・社会制度。

【参考文献】
・『人間と組織』ジェームズ・アレン、言葉の杜、2018年（電子書籍）
・『図書館制度・経営論』糸賀雅児・薬袋秀樹編集、樹村房、2013年
・『大学図書館経営』加藤好郎、勁草書房、2011年
・「階層システム理論を導入した図書館の業務測定とその経営論」加藤好郎、図書館雑誌、1990年7月
・"General and Indusutrial Management", Fayol,Henri. Pitman&Son, 1949

英米の公共図書館経営

• アメリカの公共図書館経営

　表7-5で注目して欲しいのは、① 人口と図書館数、② 大規模図書館が少ないこと（蔵書冊数から判断）、③ 予算の約8割が自治体であること、④ ALA-MLSの資格率、です。

　アメリカの公共図書館のサービスの意義とは、① すべての住民に対して公平で平等な図書館サービスが提供されるべきであるということ、② マイノリティ住民が自らの言語、文化を維持・継承し、発展させる権利を保障するためのひとつの機関として図書館は位置づけられるということ、③ 多文化、多民族共生社会におけるマイノリティ、マジョリティ住民の相互理解を促進するために図書館は住民を援助する事ができるということ、とされています。

• アメリカの図書館サービス　図書館はアメリカ人がコミュニティ、親密性、価値の感覚の強化を望む際、頼りにする生活の糧の

表7-5　アメリカの図書館サービスの状況

アメリカの公共図書館の運営予算額

区分	総額	連邦	州	自治体	その他	図書館数	蔵書数
1,000,000 人以上	1,223,127	0.60%	9.20%	78.70%	11.60%	24 館	100 万冊以上
500,000 ～	1,305,229	0.30%	16.00%	75.30%	8.40%	52 館	100 万冊以上
250,000 ～	945,567	0.60%	13.10%	79.00%	7.30%	95 館	50 万冊～100 万冊
100,000 ～	1,321,809	0.80%	11.90%	80.00%	7.40%	327 館	50 万冊～100 万冊
50,000 ～	1,061,174	0.60%	15.20%	76.20%	8.00%	541 館	50 万冊～100 万冊
25,000 ～	985,264	0.40%	13.40%	77.40%	8.80%	913 館	5 万冊～50 万冊
10,000 ～	865,724	0.50%	11.80%	76.10%	11.50%	1,767 館	5 万冊～50 万冊
5,000 ～	297,110	0.70%	11.20%	74.40%	13.60%	1,443 館	2 万 5 千冊～10 万冊
2,500 ～	122,637	1.10%	7.70%	74.20%	17.00%	1,305 館	2 万 5 千冊～10 万冊
1,000 ～	74,374	1.80%	6.00%	67.00%	25.10%	1,621 館	2 万 5 千冊～10 万冊
1,000 未満	20,605	1.80%	7.60%	66.00%	24.60%	1,041 館	2 万 5 千冊未満
全体	8,222,619	0.60%	12.70%	77.30%	9.40%	9,129 館	

図書館職員（専任）の状況

区分	職員数	構成比
司書	44,427	33.30%
ALA–MLS 有資格者	30,093	22.50%
その他の職員	89,028	66.70%
合計	133,455	100%

＊ALA 認定校　56 校　米国 48 校、プエルトリコ 1 校、カナダ 7 校

ひとつです。移民への共感の感覚を提供し、偏見を排除し、マイノリティ住民の自己決定を援助し、マイノリティ集団どうしの、あるいはマイノリティとマジョリティの間のより多大な協力を推し進めることにより、図書館はアメリカ合衆国における多元主義の重要なセンターとしての役割を強化しつつあります。

　因みに、子どもの読書活動の振興や読書指導の状況は、児童資料貸出件数 653,938,000 件（貸出全体の 36.5%）、児童プログラム参加 51,800,000 人です。

• イギリスの公共図書館経営

　表 7-6 で注目して欲しいのは、① 図書館数とサービスポイント（S Point）、② 年間総経費、③ 年間収入額とその内訳（＊）、④ 児童図書の割合、⑤ Chartered Institute of Library and Information Pro-

表 7-6　イギリス（UK）の公共図書館の状況

イギリスの公共図書館の概要

区分	図書館数	B Mobile	S Point	年間総経費	年間収入額	蔵書総数	児童図書
イングランド	3,146	473	15.411	773,515,519	93,960,410	92,433,954	28%
ウェールズ	314	66	546	37,261,086	2,840,534	6,764,984	29%
スコットランド	561	93	763	95,738,065	6,917,123	3,170,579	29%
アイルランド	149	32	383	24,396,772	1,862,442	3,704,111	34%
UK 全体	4,170	664	17,103	930,911,442	105,580,509	116,073,634	28%

図書館職員の状況

区分	図書館員	一般職員	合計
イングランド	5,135	15,864	20,999
ウェールズ	263	821	1,085
スコットランド	611	2,249	2,860
アイルランド	134	644	778
UK 全体	6,145	19,578	25,724

＊ [年間収入内訳]
延滞金 16.6%
取置き手数料 3.3%
貸出料 21.3%
AV 貸出 3.3%
OPAC 使用料 2.0%
特定の補助金 18.5%
他機関へのサービス料金 2.1%
個人からの寄付金 23.9%
法人からの寄付金 10.6%

fessions の図書館学校です。

• イギリスの公共図書館経営（例）

　バーミンガム図書館は 2013 年 9 月に開館した欧州最大級の公共図書館です。シェイクスピアの歴史的資料（4 万点）、写真（6,000点と 1 万点の劇のプログラム）、1623 年出版「ファーストフォリオ」（戯曲をまとめた最初の作品集）、19 世紀のグリーンカード、1500 年の貴重書等を所蔵しています。10 階建で博物館機能も備えています。蔵書数約 100 万冊、広さ 31,000 平米、工費 1 億 8,860 万ポンド（1 ポンド 160 円）。1 階は小説（恋愛、サスペンス）、実用分野、旅行、料理等、2 階は助言（advice）対面レファレンス、ビジネス・健康・生涯教育、3・4 階は知識（knowledge）発見（discovery）コーナーで人文系・社会系・科学系・芸術系に対応しています。

• アメリカ公共図書館経営（例）

　ニューヨーク公共図書館経営組織には全 89 館、うち研究図書館 4館、地域図書館 85 館があります。4 研究図書館は黒人文化研究図書館、舞台芸術図書館、科学産業ビジネス図書館（SIBL）、人文社会科学図書館（本館）。年間運営予算は 2 億 9,000 万ドル（348 億円）、スタッフ数 3,500 人、年間入館者数 1,500 万人です。

　ニューヨーク公共図書館の歴史は、1886 年州知事、サミュエル・ティルデンの「ニューヨーク市に無料図書館と読書室の建設を」から始まります。市民から 240 万ドルの寄付がありました。1895 年に「市民による市民のための図書館」、ニューヨーク公共図書館設立、すなわちアスター・レノックス・ティルデン財団の設立（NPO）です。鉄鋼王アンドリュー・カーネギーの貢献としては、資産の 9 割（3 億 5 千万ドル）を投資して、カーネギーホールとカーネギー国際平和財団を設立したこともありますが、NYPL（ニューヨーク公共図書館）については、彼が 5,600 万ドルを投じて 1917 年までに米国・英国に 2,509 館の図書館を建設する中で、1901 年ニューヨーク州に 520 万ドル寄付し、ニューヨーク公共図書館の地域分館として39 のカーネギー図書館が建設されたこともあります。行政と民間の協力関係としては、パブリック・プライベート・パートナーシップ

（PPP）、科学技術 SIBL の建築総工費の 1 億ドル（120 億円）はニューヨーク市の資金＋企業や市民等の民間の寄付金です。分館予算 1%（146 万ドル＝1 億 7,520 万円）は資金集めによるものです。研究図書館は予算の 5%（655 万ドル＝7 億 8,600 万円）は資金集めを行います。図書館友の会、寄附講座、スポンサー：フレンド・オブ・ライブラリー 15 万〜300 万円。企業 12 万〜300 万円。本館の大ホールも 240 万円で貸し出しています（結婚式も可）。

　2001.9.11 テロ後に利用者が急増しました。テロがあっても図書館は聖域で、情報収集とコミュニケーションを図るために市民が図書館に出かけたのです。テロ後、市の経営が厳しくなり図書館経営も厳しくなりました。大幅予算削減で 19 億円のマイナスになったのです。しかし市民が図書館の為に立ち上がり、2003 年にキャンペーンの結果 21 億円を集め、このことで財政難を乗り越えました。

【参考文献】

・『未来をつくる図書館：ニューヨークからの報告』菅谷明子、岩波書店、2003 年

📖 学校図書館経営

● 初等中等教育と学校図書館の歴史　画一的な教育から、19 世紀になると子どもの個性を育てる教育に変化しました。教科書のみの教育から、多様な教材で教育することが必要になったのです。教材を置く場所として、図書室あるいは図書館が必要になったのが 20 世紀になってからのことです。

　初等教育の発展には 2 人の人物が欠かせません。ヨハン・ハインリヒ・ペスタロッチ（Johann Heinrich Pestalozzi, 1746-1827）は、スイスの教育実践家で孤児や貧民の子に教育をしました。初等教育の感性に教授するという、労作教育思想です。フリードリヒ・ヴィルヘルム・アウグスト・フレーベル（Friedrich Wilhelm August Fröbel, 1782-1852）は、ドイツの教育者で幼児教育の祖です。フレーベルはペスタロッチを基に実践と思想の影響を受けました。幼児教

育へのいろいろなものに対する応用と展開をしました。

　学校図書館が学校教育の必須となったのは 20 世紀であり、米国での 1960〜61 年の調査によると、全体の小学校に設置されていた図書館（室）は 31.2％で、高等学校の図書館（室）は 94.2％でした。

• 文部科学省の学校図書館図書基準（抜粋）

（小学校）
　　　・1 クラス　2,400 冊
　　　・3〜6 クラス　3,000 冊＋520×（学級数－2）
　　　・13〜18 クラス　7,960 冊＋400×（学級数－18）
　　　・31〜クラス　12,760 冊＋120×（学級数－30）。

（中学校）
　　　・1〜2 クラス　4,800 冊
　　　・3〜6 クラス　4,800 冊＋640×（学級数－2）
　　　・13〜18 クラス　10,720 冊＋480×（学級数－12）
　　　・31〜クラス　17,440 冊＋160×（学級数－30）。

　学校図書館活性化のために、「学校図書館活性化協議会」(2011.6.1)が設置されました。「子どもの未来を考える議員連盟」「文字・活字文化推進機構」「学校図書館整備推進会議」などもあり、「学校図書館活性化のための政策提言・啓発活動」「学校司書の全校配置」「司書教諭の専任化」「読書指導と図書館活用ができる教員養成」等がその目的でした。新聞配置の促進（小学校 17％、中学校 15％、高等学校 90％）も少し進みました。

• 図書室改革（例）　山形県鶴岡市立朝陽第一小学校では、1995 年度は生徒の平均貸出が 50 冊でしたが、2009 年度は 3 倍の 150 冊貸出に増加しました。その要因は、① 図書館改革：改装、図書室を校舎の中心にしたこと、② 授業改革：蔵書の調べ学習、資料準備（司書教諭、学校司書、担任教諭）課題で解決（保護者も参加）などを目指したこと、③ 読書量増加の利点：語彙、表現力増加、読書時間の使い方が広まったこと、④ 児童が優れている点：ひとの話を聞ける（読み聞かせの効果）、読書から何事にも興味を持つ、です。

　「学校図書館げんきプロジェクト」として、活字文化推進会議が、

全国学校図書館協議会との協力で、岩手、宮城、福島3県の小中高に本を寄贈した例もあります。

• **学校図書館のガバナンス**　学校図書室を発展させるためには、図7-6のように校長のリーダーシップを中心に、司書教諭、学校司書、教員、職員からの協力と外部の公共図書館、博物館、美術館、郷土資料館及び行政との連携が必要です。さらに、是非、お勧めし

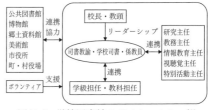

図7-6　学校図書館のガバナンスの一例

たいのは、校長が「図書室（館）長」を兼務することです。

【参考文献】

・『図書館制度・経営論』糸賀雅児・薬袋秀樹編集、樹村房、2013年
・「日本大学文理学部図書館制度・経営論」テキスト、加藤好郎、2020年
・『学習指導と学校図書館』齋藤泰則、樹村房、2016年

📖 大学図書館経営

　1970年に米国のカーネギー高等教育委員会は大学図書館の利用者教育に対して重要な発表をしています。「知識の増大は著しい。その結果もたらされる知識の新しい富の増加は、誰もそのすべてを確実に掌中に収めることができない。そればかりか、学生時代には、その中の僅かなものを知識のサンプルとして獲得できるに過ぎない事を意味している。そこで問題になるのは、高等教育を受ける人々が社会と自分について何を知る事ができるのか、何を知らなければならないか、そして、それらの事を如何にして入手するかということであろう。いずれにしても、既存の知識を教えるという高等教育に課せられた役割は、その重要性を減少しつつあり、生涯を通じて自己開発の技術や方法、とくに図書館を活用する自主的勉学の技術と方法を教えることの重要性がたかまりつつある」というものです。

　米国では、上記のように50年前に大学教育に図書館を活用する必要性を述べています。既存の知識も大事ですが、図書館（情報資源）を使うことで、自分でものを考え自分で解決するために図書館（員）を活用しようということです。入学は厳しいが、入学すれば卒業は楽勝という状況では、教員への"忖度学生"はなくなりません。

　因みに、教員一人当たりの学生数は、米国4.37人、日本14.3人で、職員一人当たりの学生数は、米国2.01人、日本16.1人です。学生を社会に送り出すために、真摯にゼミ生と対応できる人数は5〜8人です。

　米国の大学図書館では、図総経費÷大総経費は3〜5％です。日本は、私立大学が2.9％、国立は1.9％であり、少ないことが分かります。2010年文部科学省の「大学図書館の整備について：変革する大学にあって求められる大学図書館像」は、① 大学図書館員としての専門性：図書館に関する専門性に加えて、大学図書館全体のマネジメントができる能力のこと、② 学習支援における専門性：各大学等において行われる教育研究の専門分野、即ちサブジェクトに関する知識のこと、③ 教育への関与における専門性：情報リテラシー教育に直接関わり、教員との協力の下に適切なプログラムの開発を行なうこと、④ 研究支援における専門性：研究者が文献に容易にアクセスできるようにするナビゲーション機能、ディスカバリー機能を強化すること、と述べています。

　学術情報の研究成果手順は、学会等が開催する学術的な会議で口頭発表、または、ポスター発表、発表内容を論文としてまとめ、学術誌に掲載するという流れです。複数の論文をまとめて学術書、教科書、解説書として出版することになります。現在、特に自然科学分野の情報資源の特徴として、ホームページ、プレプリント、イープリント、アーカイブ、電子ジャーナル、オンラインジャーナルがあります。電子ジャーナル、電子雑誌については、2008年の学術出版協会の調査によると、自然科学系96.1％、人文社会科学系86.5％がウェブで提供されています。電子ジャーナルは、HTML形式（論文内容をざっと確認）とPDF形式（熟読する場合）で提供されてい

ます。

　国立大学と私立大学の冊子から電子に推移していくタイトル数は、国立大学では1994年に約18,000誌、私立大学13,000誌でした。1996年から徐々に電子ジャーナルを購入し始め、冊子から電子に逆転したのは、国立大学は2006年から徐々に、私立大学は2004年に大幅に推移したという流れです。2010年に、国立大学は冊子が2.3%、電子が80.20%、私立大学が、冊子29.80%、電子が47.50%です。

　スタンフォード大学が開発したLOCKSSは、図書館が講読する電子ジャーナルのコピーをそれぞれの図書館で保存し、不測の事態に際して、保存していたコンテンツを提供する仕組みです。JSTORが2000年に電子ジャーナル・アーカイビング・プログラムを始め、学術雑誌の電子化を進め、出版社が提供した電子ジャーナルのコンテンツを保存することで、出版社の倒産や、サーバーに不具合が生じたときでも、利用者がコンテンツを利用できるようなサービスを構築しました。国立情報学研究所が運営する電子ジャーナル・アーカイブ・サイトで、国内の大学図書館等が契約している電子ジャーナルを保存しています。

　大学図書館における電子的な図書館サービスとしての電子ジャーナルの利用形態は、① 大学の構内（研究室、図書館等）のコンピュータから図書館のサーバーにアクセスし、電子ジャーナルのリストや目次から論文を選択、② 図書館のサーバーから電子ジャーナルの提供組織のサーバーへジャンプする、③ 電子ジャーナルの提供組織のサーバーから論文のPDFをダウンロードし、手元のコンピュータで閲覧または印刷するというものです。サーチエンジンの発達により、Gray literature（灰色文献）をインターネット上で入手可能・用意できるようになりました。メディアの変化では、電子書籍をスマートフォン、タブレット型コンピュータで書籍配信（アマゾンKindle、アップルiPad）を図書館で対応する点があげられます。

　もはや一つの大学で電子ジャーナル等の契約をする時代は去りました。大学で知恵と資料と研究成果と予算を出し合い、2011年からJUSTICEという仕組み（図7–7）が動き始めたのです。私立大学で

大学図書館コンソーシアム連合： JUSTICE は、日本の大学における教育・研究活動に必須の電子ジャーナルをはじめとした学術情報を、安定的・継続的に確保して提供するための活動を推進します。

JUSTICE とは

JUSTICE（Japan Alliance of University Library Consortia for E-Resources）は、国公私立大学図書館協力委員会と国立情報学研究所との間で平成 22（2010）年 10 月 13 日に締結された『連携・協力の推進に関する協定書』の趣旨に基づき平成 23（2011）年 4 月 1 日に発足した、国立大学図書館協会（JANUL）コンソーシアムと公私立大学図書館コンソーシアム（PULC）とのアライアンスによる新たなコンソーシアムです。JUSTICE の発足に伴い、JANUL コンソーシアムと PULC の参加機関が JUSTICE の参加機関となり、世界でも有数の大規模コンソーシアムが日本に生まれました。

JUSTICE の運営体制

JUSTICE の運営は、連携・協力推進会議のもとにおかれた、運営委員会と事務局が行っています。運営委員会は、大学図書館の管理者を主なメンバーとする運営委員会委員と、実務担当者がメインの協力員で構成され、国公私立大学図書館から幅広く参加していただいています。また、コンソーシアム内外の窓口となる事務局は、国立情報学研究所の学術基盤推進部内に設置された図書館連携・協力室が担い、3 名の図書館職員が専任で業務を行っています。

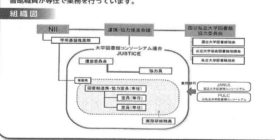

図 7-7　発足当時の大学図書館コンソーシアム連合（JUSTICE）の仕組みと運営体制［2012 年 1 月、JUSTICE のリーフレット］

は、慶應義塾の私と早稲田総務課長で、電子ジャーナルコンソーシアムを嚆矢しました。早慶と慈恵医科大学、関西大学、福岡大学でのスタートです。自然科学系の協会やエルゼビアジャパンではなく、オランダとエルゼビア本部の社長に来日してもらい数回の協議を行

いました。海外の学術論文を廉価で購入できることは研究者の死活問題です。結果、EBSCO host の全文へのリンクがある海外の学術雑誌記事データベースや Academic Search Premier、CSA Illumina の幅広い分野の海外雑誌記事索引や JSTOR での 1800 年代からの雑誌記事の収録や、Google Scholar の学術専門誌、論文、書籍、要約など、様々な分野の学術雑誌を探す無料検索エンジン等との契約を広めていきました。

【参考文献】

・「日本大学文理学部　図書館制度・経営論」テキスト、加藤好郎、2020 年
・「大学図書館における社会貢献：一般開放の状況」加藤好郎、図書館雑誌、Vol. 100、No.8、2006 年

📖 図書館の管理運営

　ここでは図書館の「ひと」「もの」「カネ」とその図書館の特殊性を説明します。

① 人事管理：採用基準は、司書資格が必要かあるいは主題専門家を優先するかです。司書資格がなくても、採用後に講習で司書資格を取らせます。人事異動は、3 年に一回、テクニカル・サービスとパブリック・サービスの両方を経験させます。評価については、マネジメントと専門職性が高いか業務を分けて評価します。就業管理は、出退勤管理とチャレンジシート（毎年の目的）。研修計画は、プロジェクト型と各種研修会への参加。職員構成は、専任、嘱託、業務委託、人材派遣、アルバイト、ボランティアからなります。

② 予算管理：予算計上は、事業計画に基づき予算案を作成することです。これには図書館員全員の納得と理解が必要です。例えば、予算案は、複数年度で作成すると予算の無駄が生じません。1 年で 1 億の事業はもともと無理があれば、1 年目 4 千万、2 年目 3 千万、3 年目 3 千万で予算計画を作成します。事業の完成には時間がかかりますが、結局満足度は高いです。外部に依嘱する場合

は、相見積もりの実施が効率の良い執行になります。

③ 予算内容：図書支出と図書資料費のバランス。決算報告は、単年度決算と複数年度決算。予算の発生主義と減価償却。地方税（一般財源）と基準財政収入額よりも基準財政需要額が上回った場合生じる地方交付税です。図書館は、以前は現金主義（現金が出入りする段階で損益計算を行う）でしたが、図書館規模と数の増大とアカウンタビリティ（公開の責任）によって、発生主義（取引が成立した段階で帳簿上に損益が出ています。現金は動いていない）に変わりました。また、図書は「文化の所産」という考え方で、取得原価のまま表示され、会計上の減価償却が許されません。

　図書館の内部統制の4つの目的は、① 業務の有効性および効率性：図書館サービスが、設置者の想定した水準以上のサービス効果を利用者にもたらしている、② 財務報告の信頼性：図書館の財務管理が適正であると認められているか、③ 事業・業務報告に関わる法令等の遵守：図書館の運営が法令に則して実行されており、違法、不法な活動や行為がないか、④ 資産の保全：図書館に帰属する資産類、例えば蔵書やその他の備品類が適正に管理されているか、です。

　図書館の広報活動は、インフォメーション作成（ポスター、チラシ、ホームページ等）。庶務関連業務は、文書管理（稟議書、規程、内規、各種議事録）、物品管理（用品費、消耗品、ブックトラック）、また、施設の安全が求められます。

【参考文献】

・『大学図書館経営』加藤好郎、勁草書房、2011 年
・『図書館制度・経営論』糸賀雅児・薬袋秀樹編集、樹村房、2013 年
・「日本大学文理学部　図書館制度・経営論」テキスト、加藤好郎、2020 年

📖 図書館組織論

　組織文化とは、ある特定のグループが外部への適応や内部統合の問題に対処する際に、うまく機能して有効と認められ、そのグルー

プに学習された基本的仮定のパターンであり、また新しいメンバーにそのような問題に関しての知覚、思考、感覚の正しい方法として教え込まれる基本的仮定のパターンです。

• **組織文化の3つのレベル**　① レベル1：文物（人工物）。組織に潜在している諸前提が、観察可能なかたちで姿を現しているもの（儀式、物的環境、神話など）。② レベル2：標榜されている価値観。組織におけるさまざまなものごとが成り立っている建前上の理由（設立趣意書、倫理規定など）。③ レベル3：背後に潜む基本的仮定。無意識のうちに持っている、信念、認識、思考、および感情の源泉。

• **組織文化とリーダーシップ**　リーダーシップは、組織文化の形成、進化、変容、破壊と深く関係しています。その典型は、組織の成熟期に見られます。創業者の組織文化が機能不全に陥り、組織文化の変容、ないしは破壊が必要とされる状況が発生します。こうなったときが組織にとって有事であり、組織文化を変革するリーダーシップが求められるときです。例えば、「品質がよければ商品は売れる」という基本的仮定が業績不振に陥った場合は、基本的仮定を「品質がよいだけではなく、顧客に感動を与える商品こそが売れる」と再定義しなければいけません。これがまさしく組織文化の変革です。図書館であれば、サービスの再定義となります。

　経営学は企業（会社）の学問として発展しましたが、近年では経営における組織論が重要と考えられています。理由は、企業を超えた組織、営利・非営利の組織（学校や病院）へ議論が拡大しているためです。組織とは、複数の人間が共通目的を達成するために、ある仕組み（システム）のもとで活動することであり、仕組み（システム）は、例えば、人間を要素とするひとつのシステムです。

　営利・非営利（図書館）にかかわらず、組織を運営するには、人的資源管理（HRM）に重点をおく必要があります。Human Resource Management（HRM）は、1980年までの人事管理と異なり、現在は、人材の育成・能力開発を重視しています。1996年から情報専門職の修得すべきコンピテンシー（能力と資質）のことを指します。それは「職業的能力」と「人的資質」です。従業員（図書館員）が能力を発

揮するか否かの 20～90％は、その組織・業務・環境等への動機付けといえます。人的資源管理における図書館員の動機付けとは、① 人材は、最大の資源であること、② 人間性を尊重すること、③ 人間本位の経営を行うこと、④ 人間（図書館員）を育成すること、⑤ 経営理念に「個人」の概念が存在すること、です。

　人的資源管理の概念として、人間の行動、行動科学理論モデルがあります。代表的研究者はマズローや、ハーズバーグです。行動科学理論において、マズローは ① 生理的（衣食住）欲求、② 安全・安定（身体）欲求、③ 社会的親和（仲間）欲求、④ 自尊（認識）への欲求、⑤ 自己実現（目標）欲求としています。ハーズバーグは、① 金銭欲求、② 安全作業欲求、③ 対人関係欲求、④ 達成感欲求、⑤ 向上と成長欲求としています。組織論は、組織行動学、リーダーシップ論に分けられます。労務管理は、労務時間・賃金・労使等で、人的資源計画は、職務分析・設計、雇用等です。人的資源管理は、人事考課、教育・訓練等です。

　ハウスのパスゴール理論は、以下の４つにリーダーシップを分けています（図7-8左）。① 指示型リーダーシップ：課題志向が強、部

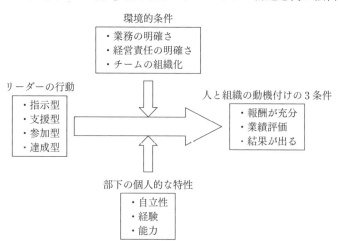

図7-8　組織成功のためのリーダーとスタッフの関係

下に何を期待しているかをはっきり指示。仕事のスケジュール設定。部下の反応として高い能力を持つ部下からは不評。② 支援型リーダーシップ：部下との相互信頼を基に部下の提案を尊重。部下の感情に配慮。部下の反応として明確なタスクを行っている部下は満足。③ 参加型リーダーシップ：決定を下す前に部下に相談し部下からの提案を活用。責任を持たされている部下は満足。④ 達成型リーダーシップ：困難な目標を設定しメンバーに全力を尽くすことを求める。努力すれば結果が出せる部下は満足。

【参考文献】

・『人間と組織』ジェームズ・アレン、言葉の杜、2018 年（電子書籍）
・『大学図書館経営』加藤好郎、勁草書房、2011 年
・「階層システム理論を導入した図書館の業務測定とその経営論」加藤好郎、図書館雑誌、1990 年 7 月
・"Path-goal theory of leadership", House,Robert J., Leadership Quarterly, 7, 1997

📖 図書館評価の基礎

• **図書館評価の目的**　図書館運営には運営上の評価が必要です。図書館は非営利組織であり、一般の企業の売上高や経常利益の単一かつ決定的な尺度がありません。限られた経営資源（予算・職員・施設等）の範囲内で効率的かつ効果的な遂行が求められます。

　計画策定と評価とは一体であることが望ましいので、① 業務・サービスの計画策定（Planning）中の一要素として評価します。また ② 現状や問題点を把握するための「探索的・発見的」な評価をします。自己点検・自己評価としての図書館評価は、(1)「公立図書館の設置及び運営上の望ましい基準」（平成 13 年 7 月 8 日）があります。また ②「図書館サービスの計画実施及び自己評価等」があります。

　行政評価（政策評価）としての図書館評価の行政評価では、投入（インプット）してからの産出（アウトプット）、そして成果（アウトカム）につながります。アウトカムの指標とは、顧客満足度（Customer Satisfaction）の「満足度」だけではなく「重要度」です。図書館評価の目的と歴史的経緯を追ってみると、図書館評価の NPM（New Public Management）論があります。

　政府は、小さな政府を掲げ、効率化、規制緩和・民営化、PFI そして業務評価等の実施を行っています。民間と同様「目標・業績・成果」を重視し、行政に、民間の経営理念・手法を取り入れる考え方を目指しました。その基本概念は、① 業績・成果による統制、② 市場メカニズムの活用、③ 顧客主義、④ 組織の簡素化です。

　図書館には、① 住民調査・来館者調査などのアンケート調査、② 貸出統計を利用した数量的分析の歴史的評価があります。しかし、米国における図書館評価の動向である「住民 1 人あたりの蔵書冊数は最低 3 冊」のような具体的な数値目標としても、評価指導を図書館共通に設定することは難しいとされています。

　図書館評価に関する国際規格は、① ISO2789：図書館統計、② ISO11620：図書館評価の指標⇒JIS X 0821「図書館パフォーマンス指標」（2002 年 10 月 20 日翻訳）、図書館サービスに関する指標 ISO/DTR 20983 があります。アウトプットからアウトカムへ、アウトカム指標の代表例が顧客満足度であり、JIS X 0812 においてこれに対応する指標は利用者満足度です。サービスの品質に関する新しい動向として、「SERVQUAL」「LibQUAL＋」1988 年米国で開発され、国内では、2008 年金沢大学、大阪大学、慶應義塾大学が開発しました。テキサス大学を中心に、LibQUAL＋は、マーケティングの分野におけるサービスの品質評価の方法（SERVQUAL）に基づく、新しい図書館評価の方法を開発しています。電子的な図書館サービス指標として E-Metrics プロジェクトが新しい試みとして始まりました。

　ISO11620 で規定されている主な指標は、LibQUAL＋の評価法と対面によるインタビュー形式です。各項目 10 段階評価は、標本が一定水準でグルーピングされたものに有効です。大学では学生や研究者の大学・学術図書館の利用者などで標本とできるかが、住民すべてが利用対象となる公共図書館では、質問内容の簡便さが求められるために少し難があります。ギャップ分析法の優れているところは、

最後の項目のギャップ分析法にあります。サービス水準（ベンチマーク）からの隔たり（ギャップ）を見るもので望ましい姿と現実とを10段階で表示し、評価者が適切と思われるところをマークします。ギャップを見ることからベンチマークを知ることができると同時に、隔たり（すなわち努力部分である）が明確になる利点を有しています。図書館サービスの質を問う最も有効な方法です。ただ、他館との比較には向いていないと考えられます。

　階層構造の持つ意味は、達成目標には具体的な数値を設定することが望ましいです。達成目標を評価基準として使うことが出来ます。例えば、具体的には「住民1人あたりの貸出延べ冊数を3冊にする」「1日当たり20件の目録データを作成する」があります。操作的定義（operational definition）として、「図書館資料の利用」「図書館に来館した人がその図書館資料を手にとって目を通した場合」のように具体的に定義する必要があります。操作的定義を設定したら、次に「尺度」を考えなければなりません。尺度の候補には、「利用回数」があり、資料が利用された場合の数、「利用者数」：資料を利用した人数などありますが、尺度が設定されれば、実際に「測定」した尺度の妥当性と信頼性に注意しなければなりません。尺度として「貸出回数」の方が信頼性は高いです。しかし、操作的定義と「貸出回数」の定義には若干のずれがあります。この点で、貸出回数の妥当性は低いです。測定結果から指標を計算する指標（indicator）を測定して計算する方法があります。

　指標には名義尺度・順序尺度・間隔尺度・比尺度があります。①名義尺度：例「男」「女」、②順序尺度：例「満足である」「ふつう」「不満である」、③間隔尺度：数値であるが、原点を持たず、割り算に意味のないもの：例「気温」、④比尺度：原点を持つ数値で、割り算に意味のあるもの：例「体重」。

　アンケート調査は②で、3点、2点、1点で平均値を計算することもあります。評価自体の目的を明確にするというのは、最初に評価自体の目的をしっかり決めておくことが重要なためです。評価結果を何に使うかを決めておかないと、何の目的で評価しているかわ

からなくなります。

　2種類のデータ「業務統計」と「調査統計」は、① 業務の遂行において生成される記録の集計（業務統計）、② アンケート調査などの特別な調査の実施（調査統計）に分けられます。① は、集計できる事項はかなり限定されます。② は、経費が必要になります。

• **予備調査の重要性**　アンケート調査には、調査票の設計に予備調査が重要な役割を果たすことが少なくありません。評価の基準やガイドラインとの比較は、① 業務・サービスの具体的な達成目標と比較する、② 異なる業務・サービス間で比較する、③ 規模や性質が類似した他の図書館と比較する、④ IFLA（国際図書館連盟）などによる外的な基準と比較するといったことがあげられます。

• **図書館評価の手順**　図や表を作成して眺めてみましょう。さまざまな角度から探索的・発見的に分析することが可能です。その第一歩として分布（distribution）に関する図や表を作成して、眺めてみることが重要です。マクロな統計量を利用するという点ですが平均値や中央値（メジアン）のような統計量の計算の方が便利な場合もあります。マクロな統計量を有効活用すれば、複雑の状況をコンパクトにまとめて分析できるのです。標本誤差の計算が必要となる場合があります。標本誤差を考慮するために、推定・検定などの推測統計学の理論・手法を適用しなければなりません。業務統計の分析において、その業務の範囲内での全数調査とすることが可能ならば、推定・検定を伴わない記述統計学で十分です。

• **質的な評価の方法**　数量的な尺度や指標を用いる以外に、利用者や専門家、あるいは職員の意見に基づいて評価を行うこともできます。アンケートのなかに「ご意見がありましたらご自由にお書きください」のような、自由回答形式の質問事項形式の質問項目を設定することです。これによって、調査票で設定された調査項目の枠にとらわれない意見をきくことができます。評価指標を計算するための特別な調査は、① 業務記録に若干の項目を付加する程度の調査、② 利用者の協力を必要とせずに、職員が図書館内で実施可能な調査、③ 利用者の協力を得て、図書館内で実施する調査、④ 図書館以

外の外的な事象や要因を対象とする調査があげられます。利用可能性の調査方法は、利用可能性（availability）として、① 何らかの書誌を選び、② その書誌中の文献がその図書館に実際所蔵されているか、あるいは、それが書架上に存在するかを調べることがあげられます。この方法であれば、図書館員だけですべて実施できます。例えば、リチャード・オアーのサブジェクト決定、複数の図書館を選択、所蔵（有無）、検索（ILL）、情報獲得時間（大小）の方法があります。

● **来館者調査と住民調査**　図書館に実際に訪れた人に対する調査は、来館者調査、実際に図書館に訪れた人に対して、利用したサービスやそれに対する満足度を調べるものがあげられます。入口で調査票を配布し、帰る際回収するものです。一般の住民に対する調査で、住民調査の場合には、調査票を郵送する必要があります。調査票の設計における注意事項は、① 不必要な質問は含めないこと、② 質問を設定する前に、それからどのような統計ができるかを想像してみること、③ 質問あるいは説明の言葉使いは平易な話し言葉そのままとすること、④ 回答が難しい表現を必要とするものは避けること、⑤ 質問によって回答を誘導することがあること、⑥ 複数の内容をもった質問を避けること、⑦ 個々の質問の無回答を極力なくすよう努力すること、⑧ 質問の量は多すぎないことがあげられます。

　質問の形式では「あなたは○○に満足していますか」「たいへん満足している」「満足している」「あまり満足していない」「満足していない」。業務統計を使った評価は、業務統計を使うか、調査統計を使うか。数値目標をいかに設定するかこういったことも検討対象です。評価指標に関して、人口規模別での数値目標が設定されています。「(例：15 プラン) 司書資格取得者数、閲覧室開架冊数、閉架書庫収容可能冊数、インターネット端末数、蔵書冊数、年間資料購入冊数、年間地域資料購入冊数、年間購入雑誌タイトル数、年間購入新聞タイトル数、視聴覚資料所蔵タイトル数、入館者数、図書館登録者割合、貸し出し密度、レファレンス件数、相互貸借冊数」。調査統計を使った評価は来館者調査か、住民調査かどちらにすべきでしょうか。

非来館者の意見まで分析をする場合は、住民調査を行う必要があります。来館者調査による満足度は住民調査よりも高めに出る。足を運んだ人は、その満足度（「利用者満足度」「来館者満足度」）は、住民調査よりも、高めに出ることを注意する必要があります。

　評価をめぐっては、その手法に決め手となるものが存在しませんが、どの手法をとったかということは調査後の説明時点で大切な事項ですから、これを明らかにし、標本の数、分析及び評価過程について詳細な報告を必要とします。結論は、公平かつ納得のいくものでなければなりません。また多くの評価法については、日本の現状を踏まえると大多数を占める未利用者・潜在利用者に対する「不満足度調査」を合わせて実施することが望まれます。LibQUAL＋を採用する場合には質問票作成にあたって十分な論議をする必要があり、同時に全年齢利用者にも実施すべきか、慎重な検討を要します。他館との数値による比較が明瞭な「図書館の実力 INDEX」の手法は、「比較する」という人間の本来持つ競争心や向上心の引き金になり、サービス拡大により意欲的になると思われます。

【参考文献】

・『大学図書館経営』加藤好郎、勁草書房、2011 年

📖 図書館経営の評価方法

　図書館評価の実態は、公共図書館の「図書館の自己評価、外部評価及び運営の状況に関する情報提供の実態調査」によると、評価を実施しているのは都道府県 46％、市区町村 20％、全体で 21％。大学図書館は、自己点検・自己評価を 92％で実施しています。

　図書館経営の評価方法のひとつに、「業務統計」に基づく評価指数があります。資料関連は、蔵書冊数、年間受入冊数、年間除籍冊数、雑誌購入種数。サービス関連は、開館日数、入館者数、登録者数、貸出冊数、相互貸借件数（貸出冊数、借出冊数、文献複写受付件数、文献複写依頼件数）、電子複写枚数、参考調査業務受付件数・回答件数。資源関連は、専任職員数、非専任職員数、経常的経費、人件費、

資料費、図書購入費、製本費。統計に基づく主な評価指数は、蔵書新鮮度（受入冊数÷蔵書冊数）、貸出密度（貸出延べ冊数÷定住人口）、実質貸出密度（貸出延べ冊数÷登録者数）、蔵書回転数（貸出延べ冊数÷蔵書冊数）、貸出サービス指数「（図書1冊あたりの平均価格×貸出延べ冊数）÷図書館の経常費」。但し、図書1冊の平均価格よりも実際に購入した図書の価格が望ましいです。蔵書成長率「（その時点での蔵書冊数−前の時点での蔵書冊数）÷前の時点での蔵書冊数」、予約貸出率（予約件数÷貸出数）も重要です。

　パフォーマンス（Performance）とは、効果（effectiveness：目的や目標が達成された程度）と効率（efficiency：目的や目標の達成に要した資源の量）をさします。

　費用対効果（cost-effectiveness）とは、「効果だけではなく費用も含めて判断する」ことです。

　費用対便益（cost-benefit）とは、「利用者に対するサービスの適切さである。

　図書館業務における、費用対効果と費用対便益の考え方の例を示しましょう。

① 目録作成
　　A図書館：50作成　システム　5,000円　1件単価　　100円
　　B図書館：30作成　システム　1,500円　1件単価　　50円
　目録作成の費用対効果は、B図書館が高いです。1件の単価が50円で済んでいるからです。一方、費用対便益は、A図書館が高いです。目録作成が50と、30のB図書館を上回っています。利用者は、より早く目録検索ができ資料にアクセスすることができます。経費は多くかかるが、図書館サービスが優先です。

② 蔵書回転率
　　A図書館：貸出冊数　300回　蔵書100冊　回転率＝3.0
　　B図書館：貸出冊数　300回　蔵書600冊　回転率＝0.5
　蔵書回転率の費用対効果が良いのは、A図書館です。回転率が高く、また蔵書100冊であるからB図書館に比べて経費を抑えることができています。一方、費用対便益は、B図書館です。利用者は、

回転率は低いが 600 冊の蔵書の中から図書を選択できるからです。

● **図書館サービスの経済価値測定からみた費用対便益**　収益の評価法も様々です。① 代替法（substitution method）：図書館の貸出図書 1 冊の価値をレンタル店 1 冊の料金で代替する。② トラベルコスト（travel-cost method）：図書館までの交通費や時間の価値の測定と図書館サービスの価値との評価。つまり時間の価値を貨幣価値に変換すること。図書館員が、利用者の情報収集や情報利用のための時間短縮をすることでサービスの便益を測定する。③ 仮想評価法（contingent valuation method）：支払い意志額（それを得るために支払ってもよいと考える金額）または受入れ補償額（それが失われるならば受けることが妥当だと考える補償金額）で評価する。④ 巨視的評価（macro-evaluation）と微視的評価（micro- evaluation）。図書館システムの現状や問題点を統計データや評価指標で評価する。図書館システムの実態について、特定の現象にどのような要因が関与しているか、問題点の改善のために診断的評価を行う。

● **製品（サービス）のライフサイクル**　1969 年、フィリップ・コトラーが「非営利組織のマーケティング」を提唱しました。製品のライフサイクルとプロセスにおける市場の変化についてです。導入期は、初期投資（イニシャルコスト）で利益は少ないです。導入された当初は、知名度・ブランドの低さで需要が停滞しています。成長期は、製品の優位性、知名度（ブランド力）の向上、流行、口コミにより、急速に売り上げが増加して利益率も上昇する時期。成熟度は、製品が十分に普及した時期で、それ以上の成長が難しい段階。衰退期には、他の製品が技術革新により、競争力の喪失などで、売上・利益が減少し始め、さらに完全に消費者の需要がなくなると市場から完全に撤退させられます。

　図書館のサービスのライフサイクルを考えると、現在の衰退期はカード目録、冊子体目録です。成熟期は ILL, OPAC, EB, EJ といえます。成長期は Information Commons です。導入期はデジタル図書館、電子図書館による非来館利用者へのサービスです。

● **企業（図書館）ブランド調査**

（1）企業のブランド知覚指数（PQ：Perception Quotient）

　調査方法は、日経リサーチ登録モニターをインターネットで調査するものです。企業の従業員は 16,500 人（代表的企業 530 社）。消費者 46,634 人。共通項目（従業員、消費者）の調査項目は「独自性」「プレミアム度」「推奨意向」、従業員のみの調査項目は「仕事での有用性」、消費者のみの調査項目は「自分にとっての必要度」「愛着度」です。

（2）図書館のブランド知覚指数

　共通項目（図書館員、利用者）の調査項目は「特色あるサービス」「蔵書評価」「利用上の快適さ」、図書館員のみの調査項目は「仕事遂行上のモチベーション」、利用者のみの調査項目は「自分にとっての有効性」「利便性」です。

　図書館ブランド評価項目は、利用者にとって図書館は必要ですか？　成果が図書館員にとってその図書館は、利用者に役立っているか？　利用者がその図書館に愛着を感じるか？　同じ資料があったときどちらの図書館を利用するか？　どの程度、他の人にその図書館を薦めたいと思うか？

　図書館のブランドの見られ方を把握する測定項目には、ブランド・イメージ（図書館がどのようなイメージをも持たれているかを探る）、ブランド・アクセスポイント（この 1 年間に、図書館とどのような接点で接触をしたかを把握する）、バリュードライバー（企業〈図書館〉のどのような点〈要素〉に魅力を感じるかを探る）などがあります。ブランド戦略サーベイとは独自の評価指数ですが、経験価値（図書館の資料・サービスを利用することで、どのような経験が得られると思われるかを把握する）から調査することが可能です。

　図書館のブランドの浸透状況を把握する測定項目（利用者）は、認知度（それぞれの図書館について図書館の名前以上のことを知っているか）、理解度（それぞれの図書館について理解しているか。）購入・利用経験（それぞれの図書館の蔵書・サービスを利用したことがあるか、購入・利用意向（それぞれの図書館の蔵書・サービスを利用したいと思うか）、リレーション（図書館が人だったら、長く

付き合いたいと思いますか)、から調査することが可能です。

【参考文献】

・『大学図書館経営』加藤好郎、勁草書房、2011 年

・『図書館制度・経営論』糸賀雅児・薬袋秀樹編集、樹村房、2013 年

・「図書館コンソーシアムのライフサイクル」尾城孝一、カレントアウェアネス、No.283、2005 年

📖 図書館計画とマーケティング

- **図書館の地域計画**　① 地域計画の手順では図書館の使命と目標 ⇒ 目標水準の設定 ⇒ 地域の特性把握 ⇒ サービス対象人口と将来予測 ⇒ 図書館施設の配置と規模の決定とすすみます。② 図書館の規模と利用圏域の関係も検討点です。

- **図書館経営におけるマーケティング**　次の 3 点が重要です。① 顧客中心主義に徹する：ニーズ認識 ⇒ 情報探索 ⇒ 代替品評価 ⇒ 購買決定 ⇒ 購買後行動。② 市場を細分化し、ターゲットを定める：地理的特性、人口統計的特性（年齢、性別、職業等）、心理的特性（価値観、ライフスタイル、個人的性格等）単一化（公共全体の戦略）、個別化（個別の特定サービスの設計等）、集中化（小さな公共のなかで大きなシェアを確保する戦略）。③ 競争相手の特定：図書館の競争相手は書店（直接的な競争相手）、ビデオゲーム（間接的な競争相手）？　競争相手の調査と協力相手の調査の必要性は？

- **図書館の規模と利用圏域**

　規模の考慮での来館者密度といっても、来館者密度（ = 図書館来館者/地域人口）、来館者密度（ = 当該地域の来館者密度/図書館近くの地域の来館者密度）の指標があります。

　図書館はどこに作るといいのでしょうか。図書館の外部環境として、① 地理的要素：住民の生活動線、② 政治的要素：政策・法令等があり、学校教育政策、高等教育政策が大きく影響する、③ 経済的要素：設置母体の財政状況が大きい、図書館のコレクション形成に影響を及ぼす、④ 文化・社会的要素：図書館と図書館サービスの個性

の基礎をなしているの 4 つがあげられます。高度情報通信、ネットワーク時代の図書館は、ハードとソフトを整備しなければなりません。

図 7-9 の調査では、図書館を近くに感じるのは 3 キロ以内、また、資料やサービスが充実していれば、8 キロ以内であれば利用することが立証できました。

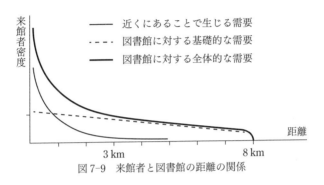

図 7-9　来館者と図書館の距離の関係

図書館のマーケティングについて、より具体的に営利組織（企業）と非営利組織（図書館）について、「概念」「対象」「戦略」「マーケティングミックスの 4P」「ファウンドレイジング」」を比較すると表 7-7 のようになります。

表 7-7　図書館のマーケティング

	概念	対象	戦略	マーケティングミックス 4P		ファウンド レイジング
営利組織 企業	販売	顧客消費者 Customer （CS:Satis- faction）	競争	Product Place	Price Promotion	基金 運営資金
非営利組織図書館	交換	利用者 User Patron	協力	Service Library	Time Comunication Network	図書館友の会 寄付・寄贈 ボランティア 活動

● 図書館評価の戦略策定　1960 年 スタンフォード研究所のアル

バート・ハンフリーと 1965 年ハーバード・ビジネススクールのケ
ネス・アンドリュースが SWOT 分析をしました。

「機会」と「脅威」は外部環境（機会を利用、脅威を取除く）、つ
まり政治・法令・市場・経済状況・科学技術・競合他社の動きで
す。「強み」と「弱み」は内部資源（強みを生かし弱みを克服）で、
財務・顧客サービス・効率性・競争上の優位性・インフラ・品質・
材料・価格・主要顧客との関係・市場における知名度、評判・企業
倫理・環境といえます。「機会」と「強み」は混同しないこと、戦略
は行動を定めること、SWOT は状況を説明するもの、「機会」「脅威」
は将来評価、「強み」「弱み」は現状評価であることを意識してくだ
さい。次に解説と実例を示します。

• 図書館（一般）の SWOT 分析　Strength（強み）：図書館内部。
経験のある図書館員がたくさんいる。経験がありバランス感覚のあ
る図書館長がいる。Weakness（弱み）：図書館内部。図書館経験が
少ない職員で運用している。法律・医療・ビジネスに専門知識を
もった図書館員が少ない。Opportunity（好機）：外部環境。地元に
密着した図書館活動が社会的に求められている。専門知識があり司
書を希望する若い人が大勢いる。Threat（脅威）：外部環境。図書館
でなくても各専門機関で情報提供サービスを行っている。図書館を
使わなくてもインターネット等で情報は取れる。

• 図書館（横浜市）の SWOT 分析　Strength（強み）：図書館内部。
図書館取次（地区センター、駅）による貸出・返却冊数増加してい
る。書店のノウハウがある。開館時間が長い。地域連携事業が盛ん。
オリジナルホームページ・ブログが好評である。学校図書館を把握。
Weakness（弱み）：図書館内部。来館者数・登録者数の減少。館内
サインがわかりづらいとの声あり。民間ノウハウが生かせていない。
スタッフの接遇が不十分。ある近隣の他図書館より来館者数・登録
率の差が大きい。Opportunity（好機）：外部環境。地域の活動が活
発。子育て世代の利用が増加している。有燐堂が、たまプラーザに
もある。地域の大学と連携の可能性あり。Threat（脅威）：外部環
境。直営館をはじめ、他の図書館で魅力的な講座が開催されている。

他指定管理者が新しいサービスを展開している（山内図書館）。

【参考文献】

・『図書館制度・経営論』糸賀雅児・薬袋秀樹編集、樹村房、2013 年
・『大学図書館経営』加藤好郎、勁草書房、2011 年
・「日本大学文理学部　制度・経営論」テキスト、加藤好郎、2020 年

📖 現代の図書館情報学概論

　米国の図書館学は、Library Economy と呼ばれていました。後に、Library Science と変わっています。現在は、Library and Information Science です。Economy を使っていた理由は、「経済」を発展させることで、市民、住民たちがそれぞれ豊かな生活ができる、つまり図書館も同様で、図書館を発展させることで、市民、住民たちに豊かな生活を提供できるのであるとみなされたからです。Science を使うようになり、図書館（科学）に変わっていきます。そこに情報学が加わっても、図書館学の精神は変わらないのです。科学の新しく早い進展の脅威と一辺倒怖さ、曖昧さを感じるのは、科学には、「未科学」の部分が余りにも多いからです。図書館情報学としての「未科学」の部分を認識しながら、図書館情報学を考えてみましょう。

　図書館情報学の用語は、20 世紀後半、一般に学術的な学問領域としてではなく専門職養成プログラムから大学の組織単位へと発展した図書館・情報学科と結びついています。高度情報通信ネットワーク社会を背景に「図書館に関係する技術・運営・思想などの諸要素を対象」とする実践的な領域と考えることができます。

　メディアと知識資源については、『図書館情報学用語辞典　第 3 版』によると、メディアとは、① 情報メディアのこと、② 記録媒体のこと、広義にはアナログメディアを含むが、狭義にはコンピュータの外部記憶装置に用いるデジタル記憶媒体、③ マスコミのこととされています。さらに新聞、テレビなどのいわゆるマスコミが 1990 年代にメディアと呼ばれるようになり、報道や社会学の領域で定着したとあります。図書館にとって役に立つことは、非来館サービスの充

実である、ともあります。情報メディアとは、人間の情報伝達、コミュニケーションを媒介するものです。情報伝達に関与するものはきわめて多様なため、さまざまに概念規定が可能です。媒介する物体・装置もしくは技術的特性に焦点を合わせる場合や、単に技術ではなくて社会的なシステムであることを強調する場合があります。なお、information media は日本語からの訳語としての使用例が中心で、英語圏ではあまり使われない表現です。

　概念形成の経緯を述べると、情報学の概念は、IBM の 1960 年代から 1970 年代にかけてアメリカで生まれました。コンピュータ時代の始まりは、PC（パーソナルコンピュータ）が発売され普及し始めた 1980 年代に入ってからのことです。社会がコンピュータ化し、図書館学にもその可能性を求められました。書名目録・著者目録・分類目録（カード、冊子体）のコンピュータ化、Online Public Access Catalog：OPAC がその例です。図書館員の育成として、コンピュータに強い図書館員が必要になりました。個人的には、当時、図書館学は、文学部に図書館学が残り書誌学を中心として発達し、情報学はコンピュータを中心に環境情報学部等で発展することを考えたこともあります。

　図書館情報学の条件は、① コンピュータによる文字、画像、音声、動画の処理可能性、② そうした情報を電子的に蓄積し検索する技術（情報検索）の開発、③ 遠隔地から情報のやりとりを可能にするネットワーク通信システムの開発と普及、④ 情報を電子的に交換するためのファイルフォーマットの標準化の進展、⑤ 文献に関わる諸現象についての計量的な分析方法の開発、⑥ 情報利用者である人間の情報行動への着目、といえます。

　情報学のひとつとして、ドキュメンテーションの発展があります。ドキュメンテーションはコンテンツと呼ばれるような知識をともなった情報メディアの特性分析と測定分析などを中心とする学問領域になり、図書・文書類に盛られている情報を、必要に応じて取り出せるようにあらかじめ目録・整理する作業でもあります。また、ドキュメンテーション・センターの細分化された専門分野の情報を

収集し情報検索に応じた形で蓄積して情報利用を容易にする技術です。研究テーマはさらに細分化されました。「高度3千メートル以上のヒマラヤ山中の湖水に棲息するミジンコの生態と、特にその排泄系統について」がひとつの例です。伝統的な図書館学では、研究しにくい部分が電子的な手段・方法、またその分野の延長線上にあることです。

　ドキュメンテーションは、文献の社会的利用促進の研究、情報資源やコンテンツの扱い方と組織化とその利用のことでもあります。この分野は資料、コンテンツ、情報資源を社会的に扱う手法とそれが社会的にどのように配置されたかを業務の中心にしています。図書館学の、情報資源の目録法、分類法、件名法は書誌コントロールとも呼ばれています。コンピュータによるデータベース処理で実現し、全文データベースも情報検索といった技術を提供しました。コンテンツを媒介する点で図書館と類似の文書館、博物館との連携についても重要です。いずれも社会教育施設であり、社会教育三法のひとつでもあります。

　British Library（2008）の「グーグル世代」では、情報探索行動研究を分析しています。① 情報の正確さや根拠を評価するのに、ほとんど時間を使わない、② 貧弱な探索戦略を頼みにする、というのも、自分たちの情報ニーズをしっかり把握しているわけではないからである、③ キーワードよりも、自然語を使うことを好む、④ 検索にヒットして出てきた多くのウェブサイトの中から、適切なものを選び出すことが困難である、⑤ インターネットを使いこなす発想がとぼしく、したがって、グーグルやヤフーなど大手の検索システム頼りになる、というものです。図書館情報学で「情報サービス論」を教えていますが、上記の分析は興味深いものです。

　メタデータが検索を促進する4つの機能として、① 関連性基準により情報資源を発見する、② 情報資源を識別する、③ 異種情報資源を区別する、④ 在情報を提供することがあげられます。

　良いメタデータの6原則は、① 良いメタデータは、そのコレクションの対象、利用者、そして現在と将来の利用にとって適切なコ

ミュニティの基準に従う、② 良いメタデータは、相互運用をサポートする、③ 良いメタデータは、対象を記述し関連資料を配置する際に典拠コントロールとコンテンツ基準を利用する、④ 良いメタデータはデジタルの対象の状態や利用条件を明示する。⑤ 良いデータはコレクションに含まれる対象の長期的な管理や保存をサポートする、⑥ 良いメタデータレコードは対象自体であり、それゆえに信頼性、正当性、保存性、持続性、そして固有の識別性など良い対象の質を有しているというものです。

• **図書館学の歴史と図書館情報学の発達**　フランス、マザラン卿の司書ガブリエル・ノーデの 1644 年『図書館設立のための助言』に始まります。ドイツにではマルティン・シュレッティンガーによる 1829 年『図書館学全教程試論』があります。アメリカでは、コロンビア大学にメルヴィル・デューイにより 1887 年に「図書館経営学校（School of Library Economy）」が設置されます。現代に向かうにつれ、シカゴ大学大学院図書館学部（Graduate library School：GLS）の 1929 年設置、シャーリ・R・ランガナタン『図書館学の五原則』(1931)、ピアス・バトラー『図書館学序説』(1933) が登場します。ドキュメンテーションの流れと図書館情報学の誕生として特に重要なのは、ベルギーのポール・オトレ『ドキュメンテーション概論』1934 年、ワトソン・デービスによるアメリカ文書研究所（America Documentation Institute：ADI）1937 年、アメリカ情報科学学会（America Society for Information Science：ASIS）1968 年、［慶大］図書館・情報学科（School of Library and Information science）1968 年です。

　図書館における計量書誌学のポイントは、次の通りです。① 貸出傾向の分析：どの文献が貸し出しされているか、または貸し出されていないかについて調査することで、今後の図書購入に関する貴重な情報が得られ、また図書館の組織や運営における欠点が明らかとなる。② 館内利用の調査：資料が図書館内部でどのように利用されているかを調査することで、図書館利用者の情報収集パターンやレファレンス資料の利用に関する実態を把握し、役立てることができ

る。③ 経年調査：図書館資料の陳腐化（経年劣化）を調査することで、コレクション新鮮度や、老化した資料の利用を左右する傾向を確認することができる。④ コレクションの重複：複数の図書館コレクションを比較調査することで、重複している資料が明確になり、協同的なコレクション形成を進めることができる。さらには、それぞれの図書館のコレクションだけがもつ特徴も明確になり、資料にかかる不要な出費を抑えることができる。

【参考文献】
・『図書館情報学基礎』根本彰、東京大学出版会、2013 年
・『図書館情報学概論』リチャード・ルービン著・根本彰訳、東京大学出版会、2014 年
・「愛知大学文学部 図書館・情報学概論」テキスト、加藤好郎、2018 年

📖 プロフェッショナルとしての図書館員

• **日本の図書館員養成教育の歴史**　箇条書きで主要事項を上げます。1892（明治 25）年日本文化協会（のちの日本図書館協会）。1899（明治 32）年図書館令。1920（大正 9）年、公共図書館数 1669 館。1921（大正 10）年上野に設置。文部省図書館員教習所。修業年限 1 年（40 週、週 30 時間）。入学資格は中等学校卒業以上。男女共学で、授業は無料。のちに名称を改めて図書館講習所になります。1933（昭和 8）年、司書検定制度を設け高等官待遇の道が開けると規定されました。1937〜43（昭和 12〜18）年、検定試験は 7 回実施。1950（昭和 25）年、図書館法。1951（昭和 26）年ジャパン・ライブラリースクール（慶應義塾大学文学部図書館学科）設置。1964（昭和 39）年図書館講習所が戦後、図書館養成所となり図書館短期大学に改組。1968（昭和 43）年、慶應義塾大学文学部図書館・情報学科に改称。1979（昭和 54）年、図書館情報大学（現在の筑波大学情報学群知識情報・図書館学類）。

• **アメリカの図書館員教育養成の歴史**　1884 年、メルヴィル・デューイ（コロンビア大学図書館長）が図書館員養成機関（School of Library Economy）を設立し、目録分類作業の知識とスキル、本の出納、貸し出しなどの図書館業務の基礎を学生に教授したことを始まりとします。アンドリュー・カーネギーは、2500 の図書館寄贈をスコットランドとアメリカにて行いました。チャールズ・ウイリアムソン（NY Public School）に図書館員養成教育を依頼しています。1926 年、ALA がライブラリースクールの認定作業を開始。1928 年、シカゴ大学に図書館学博士課程を設置。このことを契機に図書館員養成課程を学部課程から大学院修士課程（MLS）に移しました。

　ここで図書館に関わる法定資格の問題点を次にあげてみます。① 図書館専門職共通の資格がない。大学での専門は？ ② 比較的簡単にとれる資格である。単位数が少ない。共通試験もない。③ 評価が十分に行われていない。文科省の行政指導で課程認定はない。④ 学歴要件が学士ではなくて「大学卒業」である。資格付与が統一的でないため専門職資格の要件として評価的要素が欠如。資格保有者の社会的評価が高くならない。

　司書とは次の 3 つのどれかを満たすと認められる資格です。① 大学の卒業に加えて省令科目を履修。② 大学または高等専門学校を卒業し、司書講習を修了。③ 司書補または司書補相当の職で 3 年以上勤務し現場経験に加えて司書講習を修了。一方、司書補は次の 2 つのどれかを満たせば認められます。① 司書の資格を有するもの。② 大学に入学できる者で司書補の講習を修了。司書課程を開講している大学は 2013 年 4 月現在で 4 年制大学 157、短期大学 58、合計 215 校で司書資格が取得できました。履修単位は、必修 11 科目 22 単位、選択 7 科目（2 科目 2 単位の取得が必要）、合計 13 科目 24 単位となります。

・図書館員のリカレント教育　2010 年度より日本図書館協会認定司書制度（実務経験、実践的知識・技能を継続的に習得した者を審査し、図書館経営の中核を担う司書として公的に認定する制度）が始まりました。

・図書館専門職と情報専門職　アカデミズムの基本的な性格として① 思考、観察、調査、実験による方法の一般性、普遍性、② 知見を

論理的に記述し社会的に共有するための一般的な手続き、③ 社会的に共有化された知識の体系性があります。

　本来の司書を含め、職業人養成を大学で行う専門職（プロフェッション）とは、① 体系的な知識を高等教育機関で長期に学ぶ職業、② 個人的な利益追求だけでなく公共的なサービスを志向すること、③ このような特性を守るための専門職団体を有することが特性です。

【参考文献】
・『歴史に見る日本の図書館』高山正也、勁草書房、2016 年
・『図書館情報学基礎』根本彰、東京大学出版会、2013 年
・「愛知大学文学部 図書館・情報学概論」テキスト、加藤好郎、2018 年

第 8 章

図書館と出版

📖 印刷資料と非印刷資料

• **印刷資料の歴史** 整版印刷（版木）は 7〜8 世紀唐代の中国から、8 世紀東方の奈良へ渡り、日本の「百万塔陀羅尼経」が世界で最古の現存する木版印刷です。13 世紀にシルクロードをさかのぼり西方へ向かいます。活版印刷（活字）は、11 世紀宋代の中国陶製活字、14 世紀元代の中国木製、15 世紀李氏朝鮮の金属製活字があります。1450 年『グーテンベルク 42 行聖書』により、近代的な活版印刷術が発明されます。グーテンベルク聖書以降、最初期の活字印刷物（インキュナビュラ）は、その後 50 年で 3 万種類 2,000 万部が印刷されました。15 世紀グーテンベルク時代は、リーフレット・パンフレットで、16 世紀のインキュナビュラ時代には、図書（単行書、多冊物、シリーズ）、逐次刊行物（雑誌、新聞、その他の逐次刊行物）になります。さらに 17 世紀の 1605 年、フランスで世界初の定期刊行の新聞 "Relation" が発行され、ドイツでは 1650 年世界初の日刊新聞 "Einkommende Zeitung" が発行されます。フランスでは 1665 年 "Journal des Scavans"、イギリスのロンドンでは同年に "The Philosophical Transactions" というジャーナルが発行され、さらに 18 世紀ロンドンでは、"The Gentleman's Magazine" というマガジンが発行されました。

• **非印刷資料の歴史** 印刷資料としてのグーテンベルク聖書の約 400 年後の 19 世紀に起こる視聴覚メディアの発明（アナログ革命）、20 世紀にはコンピュータ・メディアの登場（デジタル革命）を取り上げます。視聴覚メディアの発明では、産業革命が進展し、1826 年には写真がフランスのジョセフ・ニセフォール・ニエプスにより、1891 年にはトーマス・エジソンが写真の連続撮影機が発明されます。他、18 世紀スイスオルゴールの発明、1857 年フランスレオン・

スコットの蓄音機が主要なものとして挙げられます。デジタル・メディアの展開により、1837 年モールス信号、1940 年代に真空管、1950 年代にトランジスタ、1960 年代に集積回路、1970 年代に磁気テープ、1985 年 CD-ROM、1995 年 DVD、2002 年 Blu-ray Disc と展開されていきます。

　現在、半導体式（メモリーカード、IC カード）が、デジタル機器の外部記憶媒体として普及し、アナログ画像資料は、写本（紙、ベラム、パーチメント）、手稿、マイクロ資料からデジタル・メディアへ変換、スライド資料（映写機、OHP、パソコン画面の投影）、アナログ音声・動画資料、レコード音盤 (33 1/3、45 回転)、映画フィルム (8, 16, 35, 70 mm)、レーザーディスクなどがあります。デジタル資料は、メモリーカード（USB）、IC カード（CPU：クレジットカード、キャッシュカード、ID カード、ライセンスカード）。インターネット情報資源では、ブログ、SNS、ツイッターが代表的なものです。

　図書館のネットワーク情報資源は、電子書籍（日本電子書籍出版社協会、出版デジタル機構）、電子ジャーナル（アグリゲータ：エブスコホスト、インジュンタコネクト、プロクエスト）などがあります。出版社では、エルゼビア、サイバース、シュプリンガー、ワイリーオープンアクセスです。大学図書館コンソーシアムだと、オープンアクセス（学術論文のインターネット、機関リポジトリ、米国国立衛生研究所）、地域アーカイブ（北摂アーカイブス、豊中市の地域フォトエディター）も資源としてあります。

　デジタル・メディア時代の図書館サービスでは、電子図書館（デジタル図書館）における情報のデジタル化、およびネットワークが急速に発達し、サービスが向上しました。例えば、① 速報的な情報サービスが可能になる、② 遠隔利用が可能になる（デジタル化によりネットワークを通じて情報の提供）、③ 同時に複数利用が可能になる（デジタル資料に同時にアクセスができ、複本の用意が不要である）、④ 図書館の機能的な運営が可能になる（書庫の削減、1 日 24 時間サービスが可能になる）、⑤ Book Availability（目録上の検索

へのアクセスを可能にする）、⑥ 情報内容の向上（更新・加筆・修正が可能。編集・加工により質の高い情報提供が期待できる）、などがあげられます。

【参考文献】
・『書物の文化史』加藤好郎ほか、丸善出版、2018 年
・「大妻女子大学 図書館概論」テキスト、加藤好郎、2020 年

📖 メディアと図書館の自由

　メディアの伝達性能の比較項目では、メディアを 6 つのグループに分けています。非記録メディアと記録メディアです。6 グループを以下にあげます。① 対面発話、電話-固定、電話-携帯。② ラジオ、テレビ、公演、映画。③ 筆記、絵画、写真、④ 録音-私的、ビデオ-私的、録音-頒布、ビデオ-頒布。⑤ チャット、電子メール、ウェブ、⑥ 掲示、手紙、出版、配布。非記録メディアは ①＋②、記録メディアは ③＋④＋⑤＋⑥ です。

　図書館の民主主義と情報の自由については、アメリカでは ALA（アメリカ図書館協会）による 1939 年「図書館の権利憲章」、1948 年「図書館の権利宣言」、1953 年「読書の自由宣言」（Freedom to read Statement）、「ALA の 12 か条」などがあります。さらに、2001 年 9 月 11 日の愛国者法（Patriot Act）に対して、Library is free として、ブッシュ大統領に、FBI の調査に抗議をしました。愛国者法の際、利用者の個人情報、アメリカのライブラリープライバシーが問題となりました。ライブラリープライバシーの点では、アメリカでは、裁判所が図書館の主張を求めたうえで発給する令状がなければ、図書館とそこで働く職員は、第三者に対して、当該資料の利用者の同意なく、図書館利用者の記録を開示してはならないことになっています。法的に守られる図書館利用者の権利（権理）です。

　日本における「図書館の自由」で重要なことには、1954 年「図書館の自由に関する宣言」、1950 年「図書館法」、1951 年「サンフランシスコ講和条約」があります。1952 年「秩父市立図書館事件」は、

「進歩的文化人」の座談会の開催前に、警察官が令状なく立ち入り、担当司書の机の中を捜索した事件です。

　出版や報道の「検閲・公表差し止め」についても触れておきましょう。アメリカの連邦政府修正 1 条、日本国憲法 21 条では市民に対峙する国家権力に対して、出版や報道などの事前検閲や公表差止め、出版物の押収や廃棄を含む制裁、公的情報の秘匿などが国民主義の国家では許されないことを明らかにしています。このように、市民の図書館利用にかかわる公的権利は保障されているのです。反社会的事件の捜査や公安・政治警察活動に従事する行政機関は、事案解決・予防のために必要な手がかりとなる情報を執念深く追及しなければなりません。関係する文献情報およびデジタル情報は、図書館を通じて得られることが少なくないのです。公安・捜査機関の活動が図書館を射程に入れるのはそれなりに合理性があります。とはいえ殺人事件を素材にする推理小説を楽しむものが、殺人をするわけではありません。違法不当な公権力の公安捜査活動に対抗する根拠となる理念が『知的自由』（図書館の自由）なのです。

　「図書館の自由」のためには、図書館の主体性と独立性がなければなりません。公共図書館の設置主体である地方公共団体は少なからず財政危機の状態にあります。公財政の立て直し策として、部分的に業務委託されるだけでなく、あまりなじまないとされている図書館経営に営利団体の指定管理者制度の導入が増えています。この企業の導入を他機関と比較すると、公民館は 4.7％、博物館 19.6％、文化会館 26.1％に対し、なんと図書館は 64.3％です。その中で、図書館の主体性と独立性を、また経営的にも図書館の公共性を維持できるのでしょうか。

　また図書館の自由のなかで、個人情報も守らなければなりません。1995 年には『耳をすませば』というアニメ映画が大好評でした。主人公の雫（しずく）ちゃんは、ニューアーク式という貸出方式から、天沢聖司君を知る事で愛に発展していきます。日本図書館協会は、雫ちゃんの父親が公共図書館の司書であるにもかかわらず、個人情報という図書館の自由にかかわるものを軽視するとは、と製作者に

抗議をしました。日図協の申し入れに対する賛否を、学生にリアクションペーパーを書かせると、賛否は五分五分でした。妙に冷静な若者たちにドキッとさせられたものです。

【参考文献】
・『新しい時代の図書館情報学』山本順一編、有斐閣、2013 年
・「愛知大学文学部　図書館・情報学概論」テキスト、加藤好郎、2018 年

📖 書店と出版社と図書館

　書店が減少しています（表 8-1）。2000 年には 2 万店を上回っていましたが、今や 1 万 2,000 店。活字媒体は国民の知識や教養を支える基盤で、書店は地域の文化拠点としての役割を担っています。子どものころ近所の "本屋さん" に行くのが楽しみだったものです。そこで必ず数人の友達と出会ったものでした。インターネットによる購入や電子書籍の購読が広がり若者のニーズが少なくなっているかもしれませんが、書店には様々なジャンルの本との出会いに利点があります。店主が優秀であればあるほど良書に会うことができます。

　「彼ら彼女らは子供を作らない、つまり『生産性』がない」と新潮社が月刊誌『新潮 45』2018 年 8 月号に掲載しました。注目を集めることで、売り上げを伸ばそうという狙いです。人権への配慮を欠いた表現で、人権侵害そのものです。出版社（出版）、書店（販売）、図書館（購入）は、このことに良識的な態度を示すべきです。文庫、新書そして児童書のような堅調な本があることが、足を "本屋さん" に運ばせます。イギリスやアメリカのふと立ち寄った書店で、思いかけず良書を手にすることがあります。昔は、日本でも地方の書店が駅前にあったりしました。「まだこんな本がおいてある」とほくそ笑むのです。

　書店数は 2019 年 5 月現在、1 万 1,446 軒（2000 年時点の半減）。書店が自宅から気軽に行ける場所にあった方がよいかという問いには、「あった方がよい」82％、「そうは思わない」16％、「回答なし」

2％です。あった方がよいと思う理由
は「本を手に取って選びたいから」
が多く、次いで「気軽に本を買える
から」、以下「書店がないと本を読む
機会が減りそうだから」「書店は地域
の教育や文化を支えていると思うか
ら」。本をどこで買ったかは「書店」
73％、「オンライン書店」20％、以下
「古本販売店」「コンビニや駅の売店」
「電子書籍の販売サイト」「従来の古
本屋」です。2021年6月3日の読売
新聞が「コロナ禍で在宅時間が増え、
6月3日にローソンが"ローソンマ
チの本屋さん"1号店をオープンし
た。文庫本・雑誌（約9,000タイト
ル）などを日本出版販売から直接仕
入、"ついで買い"を狙っている」と
いう記事を掲載しました。

　本を選ぶきっかけは、「書店の店頭
で見て」46％、「ベストセラーなどの
話題をきっかけに」26％、「新聞や雑
誌などの広告を見て」22％です。年
代別だと、60歳以下「店頭で見て」、
70歳以上「新聞や雑誌などの広告を
見て（37％）。オンラインで本を買う
場合は、「40歳代」30％、「50歳代」
23％、「60歳代」13％、「70歳代」4％
でした。

表8-1　全国の書店の廃業数

北海道	47	滋賀	2
青森	9	京都	4
岩手	5	大阪	4
宮城	6	兵庫	2
秋田	9	奈良	15
山形	9	和歌山	6
福島	22	鳥取	3
茨城	3	島根	2
栃木	1	岡山	3
群馬	12	広島	1
埼玉	5	山口	3
千葉	7	徳島	4
東京	6	香川	0
神奈川	2	愛媛	2
新潟	3	高知	13
富山	1	福岡	13
石川	1	佐賀	2
福井	1	長崎	3
山梨	8	熊本	13
長野	35	大分	1
岐阜	4	宮崎	5
静岡	2	鹿児島	8
愛知	2	沖縄	19
三重	4	計	332

（日本書籍出版協会の資料より。2016年5月1日調べ）

　この1か月間で買った本の種類は「単行本」21％、「文庫本」20％、
「新書」9％、「電子書籍」6％です。本を読まなかった理由は「時間
がない」47％、「本以外で情報を得られるから」31％、以下「本を読

まなくても困らないから」「本を読むのが嫌いだから」「本にお金を
かけたくないから」「健康上の理由」「値段が高い」です。

　あなたが書店に望むことはという問いには、「豊富な品揃え」63％、
「自宅の近くにある」45％、以下「検索システムの導入など本が探し
やすい」「営業時間が長い」「店内に喫茶店や試読スペースがある」
「良書を薦めてくれる店員がいる」です。

　どんな本を読みたいですかという問いには、「推理・冒険小説」
29％、「旅行・レジャー・スポーツ」29％、「料理・食生活」25％、
「健康・医療・福祉・年金」24％、「歴史・時代小説」21％、以下「ノ
ンフィクション・伝記」「エッセイ」「経済・ビジネス・国際経済」
です。

　紙の本と電子書籍の両方ある場合どちらを買いますかという点で
は、「紙の本」84％、「買わない」8％、「電子書籍」6％でした。

　本を買う場所は、「書店」77％、「インターネットでの通信販売」
14％、「新しいタイプの古書店」9％です。

　書店に行く頻度は、「週に1回以上」15％、「2週間に1回程度」
19％、「月に1回程度」28％です。都市規模別だと、「大都市」では
「月に1回以上」69％、「町村」では53％です。書店への頻度と読書
量は、「週に1回以上の書店に行く人」75％、「1か月1冊～2冊以
上の人」20％、「10冊以上」7％です。

　調査によると、調査店中に喫茶店や試読スペースがあるのが17％
とあるように、小さいながらも個性的な書店が生まれています。本
の意味をよく理解している店主が選ぶ魅力的な本や、飲食ができて
イベントを実施しているところも増えてきているようです。

　出版業界は苦境が続いています。電子出版を除く書籍・雑誌の販
売額は減少を続けています。なかでも、雑誌の販売額の落ち込みが
著しいです。出版業界の売り上げの2割は漫画です。書籍・雑誌の
推定販売金額は、2010年書籍8,213億、雑誌9,800億、合計1兆8,013
億。2012年合計1兆7,398億。ピーク時は、1996年2兆8,000億な
ので、4割減です。電子書籍推定販売金額は、2010年650億、2012
年768億、2013年1,000億、2014年1,400億、2015年1,700億、2016

年 2,300 億、2017 年 2,726 億（『電子書籍ビジネス調査報告書 2013』インプレスビジネスメディア）。「18 〜 29 歳」では 51％、「30 歳代」では 52％、「70 歳以上」では 17％が電子書籍を使用しています。「今後も利用したい」13％、「利用したことはないが、利用してみたい」23％、つまりこれらをあわせ何らかで利用したいのが合計 36％である。「利用したことがある」は 18％で、その年代の内訳は「18 〜 29 歳」39％、「30 歳代」41％。「利用したことがない」が 81％です。

　出版業界の売上は、2018 年時点で 1 兆 6,000 億円。2019 年に 8％から、消費税が 2％上がりましたが、本についていえば税収は 320 億円しか増えない計算です。文化の観点から言えば大きな影響が出るでしょう。本が売れませんし、スマホ等へ消費者はシフトします。買い物難民が増えると同時に、国道沿い、駅前の書店、商店街の書店が撤退します。子ども達が本屋で本を触れないでしょう。書店関係者は「本は薄利多売であるが、そのことが大きく崩れた。書店の取り分を増やさないと廃業が続く。単行本を売った代金は、出版社、出版の取次店、著者に分配される。書店に入るのは、定価の 20％である。街の書店は、月に 300 万〜 500 万円売り、ようやく 60 万〜 100 万円の利益が出る。店の賃料や人件費などがあり利益は少ない」としています。書店の内情が知りたい方には『本屋会議』『本屋図鑑』『本の逆襲』『"ひとり出版社" という働き方』『書店ガール』等をおすすめします。

　出版科学研究所の推計では 2020 年度の出版物の販売額：1 兆 2,237 億円。電子出版市場は、2020 年度 3,931 億円、2011 年度 651 億円です。

● 種別ごとの日本の出版状況

【書籍】1996 年をピークに長期低落傾向が続いていますが、雑誌と比較すると減少幅は緩やかです。「ハリーポッター」シリーズ（静山社）などベストセラー商品の有無によって年間の販売実績の変動は大きいです。近年は、広告宣伝等のプロモーションを強化した書籍が売り伸ばす傾向が強まっており、なかでも自己啓発や生き方本、児童書などは毎年手堅く売れています。

【月刊雑誌】月刊誌・週刊誌ともに 1997 年をピークに、以降 20 年連続のマイナス。2017 年は雑誌全体で初めて二桁減を記録しました。休刊点数が創刊点数を上回り、2020 年までも総銘柄数は 13 年連続で減少。定期誌はほぼすべてのジャンルがマイナス。グッズ付録つき雑誌や人気アイドルが登場した号など、単号売れの傾向が顕著になっています。

【週刊雑誌】インターネットやスマホの普及で情報を得るスピードが格段に速くなり、速報性を重視した週刊誌は厳しいです。前年スクープを連発し好調だった総合週刊誌も 2017 年は大きく落ち込んみました。発行部数は各誌漸減しています。

奈良日日新聞社：奈良県内で週刊紙を発行する奈良日日新聞社（奈良市）は 2019 年 4 月 5 日、奈良新聞社（同）と編集業務などを統合し、2019 年 3 月 26 日付の紙面を最後に休刊すると発表しました。奈良日日新聞は 1898 年に日刊紙として創刊。2010 年 7 月に奈良新聞と営業部門で一部業務統合した上で、週刊紙として発行を続けていました。

● **丸善、雄松堂、大日本印刷業務提携**（表 8-2）

　2010 年以降の業務提携の内容は ① 洋書・海外学術研究資料の在庫及び代理店商品の相互供給、② 洋古書・稀覯書の在庫管理の一元化、③ 共同での商品企画及び開発並びに海外交渉、④ 国内外展示会への共同出展、⑤ 学術資料のデジタル化及びデジタルコンテンツの利用を含めたソリューションの開発、⑥ 国内学術資料の海外販売です。シナジー効果があり、大日本印刷は技術支援、丸善と雄松堂で売り上げ 10 億円、売上総利益 4 億円の増加であり、紀伊國屋書店

表 8-2　丸善・雄松堂・大日本印刷の概要

	創業	資本金
丸善	明治 2 年 1 月	58 億 2,149 万円
雄松堂	昭和 7 年 10 月	3,500 万円
大日本印刷	明治 9 年 10 月	1,440 億 1,476 万円

（資本金は 2010 年時点）

と DNP の合併会社も設立されました。

• 出版流通イノベーションジャパン

　主なねらいは次の通りです。① 電子・ネット書店のサービス強化。アマゾンなどに対抗できるリアル書店のシステムのインフラを目指す。書籍や雑誌以外の商品も扱える e‐コマースサービスの拡充。② 両社の会員向けポイントサービスの共通化。③ 仕入、物流システムの構築。④ 両社が保有する海外リソースを生かしたビジネス構築を目指す（紀伊國屋書店海外 8 か国 27 店舗）。⑤ リアル書店とネット書店の相互連携による読者サービスの向上。アマゾンではできないリアルの集客サービスの検討。紀伊國屋書店は、子供から高齢者までが楽しめる "知のテーマパーク" としての書店モデルを目指しています。

　出版業界と出版の電子化についてです。日本の出版流通は、出版社 1997 年 4,612 社、2011 年 3,734 社（従業員 10 名以下 1,959 社）です。取次店は 28 社。トーハンと日販で 7 割以上です。

　電子図書は、① 表示方式、出力方式を利用者が自由に変更することができる、② 音声や動画を含めたマルチメディアにすることが可能である、③ 項目間にリンクを張ったハイパーテキストにすることが可能である、④ コンピュータまたは専用の機械がなければ読むことができないなどの特徴があります。図書館のメリットとしてのデジタル生産・分配の経済的利点（インクや紙を大量に購入せずに済み、印刷代金もゼロであるしトラックに重い箱を摘んだりする必要もなく返本も生じない）は、あらゆる点で、他のメディア企業の場合同様、出版社や取次業者にとっても抵抗し難い魅力があります。

• 出版と図書館について

　時限再販、部分再販、値幅再販（サービスポイント）が新古本等で実施されていますが、イギリスや韓国のように再販売価格維持制度を廃止したわけではありません。再販制度が廃止されたらどうなるのでしょうか。価格自由競争が始まり、値引き競争にもなるでしょう。薄利多売の「本」が世の中に溢れだし、書店は売れ筋本を置くことになります。となれば、大型書店の独り勝ちになる可能性が高

いです。中小書店はなおさら追い込まれます。出版社は売れ筋本を発行するようになり、専門書、学術書の出版が衰退していくでしょう。つまり、「文化の所産」としての書籍が崩れ、文化的役割が欠如することが考えられるのです。

　図書館サービスの基本理念に基づき「図書館員の倫理綱領」が1980年に日本図書館協会で採択されました。図書館が社会的責任を自覚し、自らの職責を遂行していくための図書館員としての自立的規範です。① 図書館員は社会の期待と利用者の要求を基本的なよりどころとして職務を遂行する。② 図書館員は利用者を差別しない。③ 図書館員は利用者の秘密を洩らさない。④ 図書館員は図書館の自由を守り、資料の収集、保存および提供にいつとめる。⑤ 図書館員は常に資料を知ることにつとめる。⑥ 図書館員は個人的、集団的に、不断の研修につとめる。⑦ 図書館員は自館の運営方針や奉仕計画の策定に積極的に参画する。⑧ 図書館員は相互の協力を密にして、集団としての専門的能力の向上につとめる。⑨ 図書館員は図書館奉仕のために適正な労働条件の確保につとめる。⑩ 図書館員は図書館間の理解と協力につとめる。⑪ 図書館員は住民や他団体とも協力して、社会の文化環境の醸成につとめる。⑫ 図書館員は読者の立場にたって出版文化の発展に寄与するようにつとめる。

　特に、⑫ は重要です。図書館（員）は、読者と出版社の連絡係です。利用者（読者）の新しい情報への要望を出版社（著作権者・研究者・作家等）に伝え、出版社側からも図書館側には「見計らい」も含め、多くの情報を提供して欲しいものです。図書館員は、『これから出る本』等の新刊情報に目を通してだけの購入ではなく、書評にも目を通す必要があります。すでに述べたように「書評カード」を作っている日本の図書館は少ないです。また、日本の書評はあまり充実していないので、図書館員全員での「書評カード」作成を望みたいです。特に、選書、収書担当者は、多くの出版社との出版物の共有化をし、ある出版社や偏った特別の出版社を特定してはなりません。出版社は大小の規模の問題ではなく、質のいい図書資料を出版するところが、優れた出版社だからです。

　私が 20 代後半の約 40 年前、小規模の S 書房の社長さんが、週 1
回、お昼少し前にたくさんお本をいれた大きな風呂敷袋を背負って
図書館に来ました。「よいしょ」と重そうな風呂敷をおろして、「ひ
るめし、食べに行こう」。三田キャンパス内の「山食（やましょく）」
に、数名の女性図書館員と一緒に出掛けます。おやっさん（社長）
は、70 歳近い方ですが、「本集めの苦労話」「貴重書・稀覯書集めの
興味深い話」「厳しい終戦後の書店経営の話」、そして「慶應からの
注文だったら、図書館、先生方だれにでも、遠いところどころまで
出かけた話」を、食事をしながら話してくれました。現在の図書館
と出版社はとてもビジネスライクになりました。時代が変わったと
言えばそれまでですが、出版社や書店さんが図書館員を育ててくれ
たのです。今は、取引をしていないようです。今もって、とても感
謝しております。

【参考文献】
・「電子書籍ビジネス調査報告書 2013」インターネットメディア総合研究所編、
インプレスビジネスメディア、2013 年
・「事業内容：出版流通改革」日本出版販売、2015 年

📖 中央公論 150 年の歴史

　論壇における『中央公論』の歩みに触れてみましょう。1887 年に
京都・西本願寺の普通教校の学生たちにより『反省会雑誌』として
創刊され、1899 年『中央公論』と改題します。1903 年、名編集者と
言われた滝田樗陰（ちょいん）がアルバイトで入社しました。ここからは箇条書
きで追っていきます。1912 年から主幹。1916 年、吉野作造「憲政の
本義を説いて其有終の美を済（な）すの途（みち）を論ず」（1 月号）。1944 年、「横
浜事件」で編集長ら検挙。政府の圧力で廃業。1946 年復刊（編集
人・蝋山政道）。1954 年、福田恆存（つねあり）「平和論の進め方についての疑
問」（12 月号）。1957 年、梅棹忠夫「文明の生態史観序説」（2 月号）。
1961 年、粕谷一希、編集次長に（67 ～ 70 年と 74 ～ 76 年、編集長）。
1963 年、高坂正堯「現実主義者の平和論」（1 月号）。1964 年、中根

千枝「日本的社会構造の発見」（5 月号）。1966 年、吉野作造賞創設。1970 年、創刊 1000 号（12 月号）。1983 年、山崎正和「新しい個人主義の予兆」（8 月号）。2000 年、読売・吉野作造賞創設。2008 年読売大賞スタート。2009 年、創刊 1500 号（4 月号）。2014 年、増田寛也ほか「消滅する市町村 523 全リスト」（6 月号）。

　『中央公論』は日本最長寿の月刊誌です。1828 年イギリスの総合誌『スペクテーター』、1843 年イギリスのビジネス週刊誌『エコノミスト』、そして上述の通り 1887 年、日本の論壇をリードしてきた総合雑誌『反省会雑誌』の創刊です。「日本社会の中間とは何か」を問う論説もありました。『中央公論』の中央は、保守と改革の間の「思想的な中央」と「階層的な中央」で、代表的な論説を挙げます。加藤秀俊「中間文化論」（1957 年 3 月号）、松下圭一「大衆天皇制」（1959 年 4 月号）、村上泰亮「新中間大衆政治の時代」（1980 年 12 月号）。

　編集者の役割として柔軟性と開放性がみてとれます。編集長が、舞台を作り、研究者、作家を演出することで一世風靡させる。雑誌は「フォーラム＝広場」であるといえるでしょう。① モノローグ（独白）、② ダイアログ（対話）、③ シンポジウム（討論会）。これらは現代では少ないのです。総合雑誌の役割は、「変化が見えている人に」「それがいったい何なのかを解説させること」ではないでしょうか。「総合」雑誌の生命線はローカルな話題とグローバルな話題を見渡し、国家的・国民的な課題を提示するセンターであることです。

　『中央公論』だけではなく、出版社と大学図書館とは関係が深いのです。自大学の教員が出版した図書等は複数で購入します。図書を図書館員が読み込むことで、教員と図書館員の交流につながります。このことで、図書館がラックしている蔵書への指導・推薦をいただくことがあります。同時に、学生が欲しがっている情報（新しい研究書）を教員、出版者に伝えることができるのです。

【参考文献】

・「中央公論 150 年の歴史」読売新聞記事データベース ヨミダス歴史館

📖 学術系出版「創文社」解散

　ここで紹介するのは、出版社、大学、研究者、紙媒体によって日本文化を維持していくために重要な事柄が含まれた事例です。

　老舗の人文・社会科学系出版社が大学の図書購入費の減少や出版の電子化にともない解散することになりました。

● 創文社 2016 年 9 月「読者の皆様へ」

　「……2020 年をもちまして、会社を解散することを決定いたしました。新刊書籍は、2017 年 3 月まで刊行し、それ以降、2020 年までは書籍の販売のみを継続いたします。また、本誌『季刊創文』は、この第 23 号（秋号）をもって、終刊といたします……1951 年 11 月 3 日に産声を上げ……創業者久保井理津男の「良書は一人歩きする」という強い信念のもと、人文社会科学の専門書出版社として「出版の王道」を歩んでまいりました……日本経済の長引く停滞、および大学予算の縮小化に伴う大学図書館への販売の低迷、さらには学術論文・博士論文の電子化・オンライン化という事態にさらされ、紙媒体専門の学術書専門出版社の経営は、大きな打撃を被ることとなりました。日本文化の一翼を担う出版社の経営は、一般企業の経営とは明らかに異なる「こころざし」をもって当たらなければなりません……」

　出版業界の低迷、大学の図書館の図書購入予算の減少、論文の電子化。同社も売上高は 10 年で 3 分の 1 に激減しました。「創文社は若手研究者を発掘し、1 冊目の専門書を書かせる。解散は日本の学術文化の衰退を象徴している」「人文学研究にも大きな影響がある。法制史など蓄積してきた書物は、なくなってはいけない知的資産」という指摘もあります。『神学大全』というキリスト教世界の最大の古典や『ハイデッカー全集』の邦訳等の刊行物も創文社の出版物でした。

　創文社は、多くの若手研究者を育てました。優秀な論文を発表させることで、先輩の専任教員を飛び越えて有名な研究者になるケースが結構ありました。欧米では "Publish or Perish" と言われます。日・米ともオーバードクターは多いのです。アメリカでタクシーに

乗ると運転手が、「会議で日本から来たんですか、私、博士号持っているのですが、なかなか大学に専任教員として就職できなくて、今は運転手です」。このような経験は、2度、3度ではありません。

【参考文献】
・「学術系出版「創文社」解散について」読売新聞記事データベース　ヨミダス歴史館

📖 アマゾンの本の直接取引

　「バックオーダー発注」が行われていましたが、2017年6月末からは各出版社との直接取引になりました。8日から2週間かかる専門書のような売れ筋でない本（日販に在庫がない）を迅速に届ける（1〜3日）のが狙いです。縮小する出版業界で、最高のサービスを顧客に届けるための判断です。日販は、「ネット書店での販売の割合が高い専門系の出版社への影響がおおきい」と述べています。

　アマゾン流で出版界を翻弄している対象は、出版取次（書籍や雑誌などを出版社から仕入れ、各書店に卸売りする会社。書店へ出版物を配送する膨大な手間を、取りまとめることで効率化している。書店で売った本の代金を回収し、出版社に支払う金融機能も果たす）です。日販とトーハンが国内の二大取次店ですが、アマゾンの目的に「戦々恐々」です。アマゾンジャパンは、「6月末までに、出版物の直接取引に応じてくれたら、売り上げにおける出版社側の取り分を通常の60％から65％にします」と述べています。

　出版物の売り上げ配分は、書店23％、取次店8％、出版社69％です。小規模な出版社は、取次店を通さない今回のアマゾン方式は、有利と判断しています。アマゾンの複数の出版社との直接取引は、全体の3割です。この影響力、アマゾンの「秘密主義」に不信感を持っているわけです。販売促進のネット書店は、街の書店と比べて本の売れ残りが少なく、ネットでのランキングが直接、販売促進につながる魅力が大きいのです。

　日本の出版界の特徴は、大小様々な出版社や書店が存在する多様

性にあります。出版取次店により、様々な本が街の書店に届き、読者は実際に店頭で手に取り、意外な本との出会いが生まれる。読みたい本を簡単に見つけられるネット書店は確かに便利ですが、しかし特定の一社だけが有力になれば、出版社の経営や読者の本選びに過度に影響を与える恐れがあります。これは図書館にとっても同様です。

アマゾンの「情報公開」と「街の書店」との共存という点では、アマゾンに対する出版社の売り上げ依存度は高まっています。アマゾンは情報公開をし、街の書店とどう共存するか、出版のステークホルダーは、知恵を出す必要があります。

ネットワーク時代になり、公共図書館でも図書館に出向かないで予約をする時代です。同時に書店に出向かなくても、ネットで購入することが増えています。ネット書店の販売額は、2015 年度 1,727 億円（全体の 9.6％）。2010 年度より 442 億円増。街の書店は、2017 年度 5 月、1 万 2,526 店。国内のネット書店は、書店系「紀伊國屋書店ウェブストア」、コンビニ系「セブンネットショッピング」等です。楽天の「楽天ブックス」は、全国 2,000 店以上の提携書店に対して、各店舗にない本を、楽天から取り寄せ、店に届けるサービスをしています。楽天の目的は「楽天は街の書店の経営がうまくいかないと、読書人口が減る。地方の書店なども助けていきたい」としています。

伸びる「ネット書店」と減少が続く「街の書店」は、アマゾン最優遇契約で電子書籍でも見直しをし、対出版社に対して公正取引委員会に申し出を行いました。

2017 年 8 月 15 日に、米アマゾンの子会社「アマゾン・サービシズ・インターナショナル・インク」は、電子書籍の配信事業で独占禁止法違反（不公正な取引方法）の可能性がある契約を見直しました。内容は、電子書籍の販売価格を他のサイトと以下にすることや、品ぞろえを最も豊富にする条件を付けていました。契約は、電子書籍市場でのアマゾンの圧倒的シェアを背景に結ばれていたといい、公取委は、出版社の自由な取引やライバル社との公正な競争が妨げ

られる懸念があすとしていました。電子書籍をめぐっては、欧州連合（EU）市場で欧州委員会が問題視し、6月に条件を見直す対策を講じました。アマゾンは8月4日、アマゾン側から出版各社に「電子書籍の販売価格などへの同等性は行使いたしません」と伝えました。

　出版科学研究所の国内の出版市場の状況を最後に確認しましょう。紙＋電子1969年2兆6,564億円⇒2020年1兆6,168億円（−1兆396億円）。内訳は紙：1兆2,237億円、電子3,931億円。電子書籍も徐々に増えています。

📖 書店のこれからの戦略と図書館の立場

　ネット書店への対応として、2016年、村上春樹氏の新刊『職業としての小説家』（スイッチ・パブリッシング社）の初版10万部のうち9万部を紀伊國屋書店が出版社から直接購入しました。紀伊國屋書店の戦略には、売れ残りの在庫の危険性がありますが、ライバルのネット書店への供給を絞り込むことと取次会社を通さない利益率の2つは大きいです。書店に来てこそ「本」と「店員」と「消費者」の出会いがあり、読書人口の増加につながるのです。

　委託販売制度（出版社＋取次店が、どの本を何冊どの書店に卸すかを決め、書店で契約をする）の下の日本では、書籍の返品率は40％です。フランスは、軽減税率により、一般19.6％、書籍7％、雑誌2.1％であり、返品率は25％です。

　日本出版販売（日販）の戦略は、① 責任販売制（返品に制限）、② 時限再販（一定期間後は書店が価格を自由に設定）、③ 買い切り制（返品なし）、です。

　電子書籍の失敗例は、著作権許諾不備等で電子書籍を未配信したことです。東日本大震災で、経済産業省は「コンテンツ緊急電子化事業」として復興事業に10億円の予算を充てました。事業要綱には、「東北関連情報の発信、被災地の持続的な復興」とし、具体的には、書籍の電子化補助事業によって、経産省が2011〜12年のために予算化しました。340出版社の6万4,833冊が電子化されました

が、約40社の1万8,463冊の発信状況を調べたところ、1,687冊が配信できない状態にあったのです。理由は著作権者から配信の許諾を得ていなかったためでした。被災地の出版社は、「震災直後で、電子化どころでない」とほとんどは参加せず、大半は都内の大手が手がけました。被災地の復興支援が第一の目的でしたが、その目的は果たされなかったのです。

全国主要書店1,128社の売上高は、500億円以上は4社のみ。1億円未満643社。紀伊國屋書店1,086億円、丸善ジュンク堂書店759億円、未来屋書店548億円、有隣堂524億円、フタバ図書348億円。各取次の戦略に触れておきましょう。日販「廃業を最小限に食い止めるためにも、店舗に合ったリノベーション（改装）の提案をしたい」。トーハン「八重洲ブックセンターの株式の49%を取得」「まず書籍単体で書店に利益が出るモデルを作ることが前提。出版流通の効率を改善するとともに、本の単価を上げることを考えても良いのでは」。

出版不況のなかで、トーハンの2016年3月決算は（売上高前年度比）1.5%減で4,737億円。日販グループ（同上）3.2%減で6,399億円です。

出版社の苦境は、この2016年書籍・雑誌販売額、1兆4,700億円、文庫本販売額、1,069億円という数字にも表れています。文藝春秋の松井清人社長は「文庫本は収益の柱。図書館は文庫の貸出しをやめてほしい」と述べました。しかし図書館での貸し出しが販売額をどれだけ減らしたかの実証的データ（エビデンス）は見当たりません。

出版界との共存共栄のためには、最初から文庫で刊行された本は別として文庫本の貸し出しは極力避け、ベストセラー本は一定期間、貸し出しを控えること、また比較的安価な文庫本は、借りずに書店で買って欲しいという訴えを真っ向から批判することはできないかもしれません。

大手出版社のビジネスモデルは、文芸作品（雑誌掲載⇒単行本⇒文庫本）では長く売れる文庫本を重点に売ることで、雑誌と単行本にかかった費用を補うというものです。「本は、書き手や出版社、書

店などの関係者の努力の結晶だ。身銭を切って本を購入する。その収益が本に関わる人々を潤し、次の作品への呼び水となる。このことが活字文化の一層の振興につながる」。

　図書購入の優先度については、出版社側は「新刊を買う人が減り、著者や出版社に影響が出る可能性があるので、一定期間貸し出さないほうが良い」としています。一方「図書館は、無料で資料や情報を提供する役割があるので、すぐに貸し出してもよい」か、ということをきいた調査では「すぐに貸し出してもよい」61％、「一定期間貸し出さない方が良い」35％でした。

　読売新聞社読書週間全国世論調査（2015年）の結果を最後に述べましょう。「希望者が長期間、貸出を待っても多様な本をそろえて欲しい」61％、「希望者が貸し出しを待たないように人気の本を多く購入する方が良い」29％。

【参考文献】
・「読売新聞社読書週間全国世論調査」（2017年10月27日〜11月9日）。

📖 単行本と文庫本

　読売新聞の調査によると書籍主題の内訳は表8-3の通りです。

表8-3　書籍主題の分布（単行本/文庫本に区分）

	単行本	文庫本
政治・法律・国際政治	41％	20％
経済・ビジネス・国際経済	32％	21％
健康・医療・福祉・年金	23％	12％
パソコン・情報技術（IT）	28％	17％
近代文学・古典文学	32％	47％
エンターテインメント小説	25％	35％
ライトノベル	32％	40％
歴史小説・時代小説	30％	37％

　単行本の価格は高いですが、ハードカバーになっていて丈夫で保存しやすいです。好きな作家の本をすぐ読みたければ単行本を買うのが良いかもしれません。文庫本とは、単行本が出版されてからある程度時期を経て、単行本より一回り小さいサイズで安く売られるものです。図書館が、単行本と文庫本の両方を購入する意味は、利用者の好みか、内容の違いか、心理的な問題か、軽くて小さくて運搬に容易であるからでしょうか。利用者は文庫本を購入しますが、図書館では単行本を貸し出すケースが多いです。

　図書館はどうしたら国民の読書に貢献できるかを例としましょう。図書館は単に大量の図書を提供するものではありません。読むことの喜びを経験したり味わったりするのを助けるのです。図書館が読書に対する施策をいかに考え計画するかについては、ここ数年で重要な変化がありました。学習の手段としてだけでなく、生活における創造的で、想像力にあふれた読書の役割を、認識するようになっています。読書の育成戦略もずっと幅広くなり、若者にも年長者にも、読書を始めるように働きかけています。表8-4の通り小学生の読書量は減っていますが、10代でも成人でも、読むようになった人にはもっと面白い図書を探すのを手伝っています。興味を同じくする人々を、読書の団体や催し物を通じて結びつける。図書館から離れていく人に対しても接触して、意欲を起こさせる読書の力をていねいに説明する図書館が増えてきているのです。

表8-4　小学生読書量が3分の1に（2019年度）

	1か月の平均読書量	1日のテレビ平均視聴時間
1年生	3.8冊	1時間16分
2年生	3.7冊	1時間13分
3年生	3.5冊	1時間18分
4年生	3.0冊	1時間16分
5年生	2.3冊	1時間13分
6年生	2.4冊	1時間12分

• **紙の書籍は、書店と小出版社"接近"**　近年、出版社と書店・書店員さんとの関係が、かつてよりずっと近づいています。「自分の売りたい本を売る」との意識を強く持つ書店員が増えつつあるのです。「一人出版社」と呼ばれる版元の存在感も、大手出版社の担っていた役割を演じています。その担い手が 30 代〜40 代の「若手」です。背景には、出版流通の疲弊の深刻化があります。「小商い」ともいえる少部数の本が、書店に溢れているベストセラー本の世界にゆり戻しをしています（例：九段「田畑書店」、荻窪「Title」、六本木「文喫」、台湾発祥で日本橋に開業の「誠品書店」）。北海道砂川市「いわた書店」は、1 万円選書をして、購入希望者に「カルテ」に書いてもらい 1 万円分選んで送る方法ができます。京都「ホホホ座浄土寺店」は、自費出版で、評本が異なる装丁を実施しています。

• **「紙で読書」能力高めると**　主体的行動力や思考力が高まるようです。20〜60 歳の計 5,000 人を対象に「読書調査」が行われました。下記の質問を出して、自己評価してもらうのです。主体的行動力：物事に進んで取り組む意欲。批判的思考力：多面的、倫理的に考える力。自己理解力：自分を理解し肯定する力。これを点数化したところ次の通りでした。① 紙：13.11 点。② スマホやタブレット：12.55 点。③ パソコン：12.41 点。④ 複数の電子機器 12.89 点。⑤ ほとんど読まない：11.58 点。

• **出版取次 2 社雑誌返品で提携**　紙の出版物の売上が低迷しており、出版物流が苦境にあります。日本出版販売（日販）とトーハンが 2020 年 2 月 21 日、雑誌の返品業務の提携を 2020 年度中に行うと述べました。書店から出版取次に返品された雑誌を仕分け、冊数を数える業務などを一括して、日販グループ会社の出版共同流通が運営するものです。日販のグループ会社である、蓮田センター（埼玉県蓮田市）内で行います。今後、両社は協業の範囲を拡大できるか検討を続けるそうです。

【参考文献】
・「読売新聞社読書週間全国世論調査」（2017 年 10 月 27 日〜11 月 9 日）

📖 大学出版部と大学図書館

　学術出版の重要な点に触れておきましょう。① 市場における学術出版、学術情報を出版する行為を「学術情報」と呼んでいます。学術情報の利用者が学術情報の発信者でもあるのです。② シリアルズ・クライシス（Serials crisis）：大学図書館の危機として (1) 雑誌の価格：毎年 5〜8％のペースで上昇、(2) 紙媒体と電子媒体の両方を発行 ⇒ 出版社の制作コスト上昇、(3) 出版社 2,000 が 20,000 以上の雑誌発行、(4) 日本の大学の外国雑誌購入費用：334 億円という少なさがあります。これに対して、(5) 出版社「研究者が新分野を開拓し、論文を量産」⇒ 研究者「論文を投稿して雑誌の権威と価格を支えている」Publish or Perish、の流れも重要です。大学図書館も (6) 大学図書館のコンソーシアムとして：ICOLC, JUSTICE、の設立などに取り組んでます。③ オープンアクセスとして、1998 年の米国 SPARC（Scholarly Publishing and Academic Resource Coalition）は、発信者（研究者）が、商業出版社を通さずに学術文献を公表するようになっているものです。

　さらに先年の学術文献流通の基盤作りについては、2002 年欧州 SPARC Europe（欧州研究図書館連盟）が、2003 年日本 SPARC/JAPAN 国際学術情報流通基盤整備事業が、2006 年 NII（機関リポジトリ推進）次世代学術コンテンツ基盤協同構築事業があげられます。

　大学出版部は、1963 年 6 月に「大学出版部の健全な発達と、その使命の達成をはかり、もって学術文化の向上と、社会の進展に寄与する」ことを目的に設立されました。大学は、研究教育の機関であり研究成果の発表場所として、大学出版部は特に、学術書の刊行、教科書の刊行、啓蒙書・教養書の刊行を行っています。2005 年 7 月、有限責任中間法人としての団体になり、2009 年 5 月に一般社団法人に変更されました。しかし、出版する教員と購入する学生間での問題は生じませんが、電子化については、大学出版部と大学図書館の間では重要な情報資源の鍵になっていることが『電子図書館の新たな潮流』で 2003 年に公表されました。ここでは大学図書館に求められた 6 つの機能があげられました。① 自大学で生産される電子的な

知的生産物を収・蓄積・発信する「学術機関リポジトリ」。②資料電子化の高度化と教育・研究との連携などによる電子化資料の活用。③図書館サービスをウェブ上で統合的に提供し、パーソナライズ機能などを備える「図書館ポータル」。④インターネット上の有用な情報を評価・選択し、主題に基づいたナビゲーションを提供する「サブジェクト・ゲートウェイ」。⑤ネットワークを利用して、リアルタイムで調査・質問に対応する「同期型デジタルレファレンス」。⑥利用者に、図書館利用法や情報探索法の自学自習機能を提供する「オンライン・チュートリアル」です。このなかで、大学出版部が「学術情報の流通」のコアーの一つとして、「学術機関リポジトリ」としての役割を担っていることは高く評価されます。

【参考文献】

・「米国大学出版協会が大学出版局を図書館の協力に関する調査結果を発表」、2014 年 1 月 15 日

・「学術情報流通の最新情報の動向：学術雑誌価格と電子ジャーナルの悩ましい将来」土屋俊、現代の図書館、42 巻 1 号、2004 年

・『出版と知のメディア論』長谷川一、みすず書房、2003 年

索　引

●あ

アメリカ（米国）　11、51、81、101、149、178、185

アマゾン　197

アレクサンドリア図書館　13

いじめ　33

印刷資料　183

インターネット　22、68、85、184

●か

課題解決支援サービス　31

学校司書　20、97、154

学校図書館　20、97、153

学校図書館法　20、97

『グーテンベルク42行聖書』　14、27、183

慶應義塾図書館　23

刑務所図書館　50

高度情報化社会　68

公文書館　120

国立公文書館　21、120

国立国会図書館　19、111

「国境なき図書館」　117

●さ

司書　180

司書教諭　20、97

指定管理者制度　70、186

十進分類法　16

出版社　130、187、201

障害者　43、68、131

情報　21

除籍　81、113

書店　148、187、199

資料選択論　3

新聞　8

『絶歌』　38

選書　3、109

●た

大学出版部　204

大学図書館　99、101、125、155、204

『ちびくろサンボ』　109

地方議会図書室　121

『中央公論』　194

デジタル化　69、85、184

電子書籍　46、111、184、189、198、199

電子図書館　46、67、70、184

ドキュメンテーション　176

読書　1、5、201

読書犬　118

図書館　1、13、76、89、117、
　187、199

図書館員　1、77、82、99、136、
　144、178、192

図書館経営　144、149、153、
　155、168、172

『図書館雑誌』　17

図書館情報学　105、144、175

図書館組織　160

「図書館の権利憲章」　107、185

図書館の自由　107、185

図書館法　19

図書の老化　113

豊橋市まちなか図書館　92

●な

認知症　54

納本制度　13、18

●は

ビジネス支援　61

評価　163、168

●ま

マーケティング　172

メディア　175、183、185

●や

リスクマネジメント　131

リテラシー　83

図書館文化論

令 和 3 年 7 月 30 日　発　行

著作者　　加　藤　好　郎

発行者　　池　田　和　博

発行所　　丸善出版株式会社
〒101-0051　東京都千代田区神田神保町二丁目17番
編集：電話(03)3512-3264／FAX(03)3512-3272
営業：電話(03)3512-3256／FAX(03)3512-3270
https://www.maruzen-publishing.co.jp

© Yoshiro Kato, 2021

組版印刷・中央印刷株式会社／製本・株式会社 松岳社

ISBN 978-4-621-30635-2　C 1004　　　　　Printed in Japan

JCOPY 〈(一社)出版者著作権管理機構　委託出版物〉
本書の無断複写は著作権法上での例外を除き禁じられています。複写
される場合は、そのつど事前に、(一社)出版者著作権管理機構(電話
03-5244-5088, FAX 03-5244-5089, e-mail：info@jcopy.or.jp)の許諾
を得てください。